# VINGT-CINQ ANS AVEC LUI

Jean-Claude Laumond

# VINGT-CINQ ANS AVEC LUI

Éditions Ramsay

*Pour Armelle, le bonheur gagné.*

# 1

# Chronique d'un départ annoncé

Mon petit monde s'est écroulé en quatre temps, comme une valse triste. En quatre scènes dont j'ai cru, dont j'ai voulu croire, chaque fois, qu'elle serait sans conséquences. Chaque fois, d'ailleurs, il faisait merveilleusement beau, et l'atmosphère, la lumière, me conseillaient de laisser aller.

Nous étions en 1997. Cela faisait vingt-cinq ans que j'étais le chauffeur personnel de Jacques Chirac. Avec lui, j'étais passé du ministère de l'Agriculture à Matignon, de Matignon à l'hôtel de ville de Paris, et de là à l'Élysée. Avec lui aussi, j'avais vécu l'élection de Mitterrand en 1981, la défaite de 1988 et, tout récemment alors, la débâcle de la dissolution de l'Assemblée. Les mauvais coups soudant davantage que les succès, qui enivrent jusqu'à l'aveuglement, je me croyais vissé à vie à mon grand homme...

– Monsieur le Président, j'ai à vous parler d'une affaire personnelle...

Nous sommes dans le parc de l'Élysée, début juin. Le Président doit se rendre dans son bureau. Il s'apprête à avaler les marches du perron, de cette démarche souple qui rappelle les meilleurs côtés de Chaban.

– Eh bien, allez-y, Laumond, qu'est-ce qui se passe ? Qu'est-ce qui se passe ?

Comme tous les gens pressés, le Grand est par nature impatient. Il répète souvent ses questions, un peu choqué, en quelque sorte, que son interlocuteur n'y ait pas déjà répondu.

– Voilà, Monsieur, je tenais à vous l'annoncer : je me marie avec Armelle.

– Armelle ?

– Ben... vous savez... Armelle Bénassy...

– Ah bon ? Ah bon, très bien, félicitations, Laumond, félicitations.

Bourrade sur l'épaule. Grand sourire.

Comment me serais-je douté que je venais de donner le branle à une machine infernale dont les pages qui suivent sont l'ultime écho nostalgique ?

Scène 2. Le soir même, à l'Élysée.

– Ah, Bernadette, que je vous dise... Laumond se marie.

– Ah ? Et... avec qui ?

– Armelle Bénassy.

– La fille du docteur Bénassy ?

– Celle-là même. La fille de cet édile de Corrèze dont vous avez récupéré les mandats, après sa mort, il y a bientôt vingt ans.

– Mais... Jacques, vous n'y pensez pas ! Laumond, épouser Armelle Bénassy !

– Eh bien, quoi ?

– Mais il va devenir incontrôlable ! Il est connu, en Corrèze, Laumond ! Il y est très populaire ! Non seulement il vous a suivi dans tous vos déplacements depuis vingt-cinq ans, mais il est resté des semaines et des semaines avec moi, et ma mère, lors de ma première campagne. Chaque fois que je m'y rends, les gens me demandent : « À propos, comment va ce bon M. Laumond ? » Et maintenant, il épouse la fille d'un notable ! Et pas n'importe lequel ! Des rues portent son nom, à cet homme ! Laumond ne peut pas rester notre employé...

Stupéfaction muette de Chirac, dont le masque

élastique, dans ces moments-là, ressemble à la caricature de son Guignol.

– Mais Bernadette, lâche-t-il enfin. Laumond m'est indispensable.

– Les cimetières sont pleins de gens indispensables, réplique-t-elle.

Il la regarde comme il la regarde souvent – comme s'il la voyait pour la première fois.

Les petits appelés, qui croyaient, à faire leur service à l'Élysée, avoir trouvé la bonne planque, serrent les fesses. Depuis qu'ils sont là, ils ont appris à disparaître, tout en continuant leurs tâches, pendant ces scènes de ménage où, sur des sujets futiles, le ton monte très vite. Le lendemain, l'un d'eux me lancera, dès l'aube : « Les oreilles ne t'ont pas sifflé, hier soir ? » Et l'autre : « Bon sang, qu'est-ce qu'on n'a pas entendu sur ton compte ! »

– Je vous dis, reprend la Présidente, que Laumond doit avoir des ambitions politiques. Il se marie, et l'année prochaine il se présente au Conseil général. C'est cousu de fil blanc. Tout à fait impossible !

– Mais, ma chère, nous ne sommes plus au

temps des rois, où j'aurais pu ordonner à un sujet de remettre ses noces !

– Je le sais, et c'est bien dommage.

J'étais à l'époque absorbé par les préparatifs de mon mariage. Je ne me suis donc pas plus inquiété que ça. D'autant que la réaction du Patron suffisait à me rassurer. Le reste, c'était hystérie et compagnie.

Scène 3. Deux semaines plus tard, Bernadette Chirac se rend en Corrèze. C'est qu'elle se présente aux élections d'avril prochain, et qu'elle n'a jamais été élue aussi facilement que son prédécesseur. Elle n'a pas franchement la fibre populaire, mais une élection vaut bien quelques serrements de mains, quelques bises aux ancêtres. Et autant montrer de temps à autre qu'elle est une personne réelle, et pas seulement une marionnette accrochée à un sac à main.

Là, elle profite de l'occasion pour approcher ma future belle-mère, veuve du docteur Bénassy, qui est effectivement une légende en Corrèze. Et, pendant une longue heure, devant les yeux ébahis de la vieille dame, elle m'habille pour l'hiver. Tout y passe : mon caractère, faussement enjoué, mes origines, trop modestes, mon ambition démesurée camouflée (et avec quel talent !) sous le masque du chauffeur fidèle, du porteur d'eau, du porteur de valises. En un mot, je suis dangereux. Un peu fou, sans doute. Tout à fait limite. Dingue.

Dingue : c'est le grand mot de ces gens-là. Quand ils n'ont plus d'arguments, l'accusation dernière est toujours la folie. On est fou parce qu'on n'est pas exactement dans la ligne courtisane. On est folle lorsqu'on résiste aux avances du Don Juan présidentiel…

– Il faut annuler ce mariage !

Un leitmotiv. Une obsession. Ma belle-mère, inquiète (inquiète surtout de voir la « première dame de France » se déchaîner sur un chauffeur), téléphone dès le lendemain à sa fille. « Une amie, raconte-t-elle avec diplomatie, m'a dit que… »

Comment savoir ? Les officiers de sécurité, présents en Corrèze, m'ont confirmé la lettre et le ton des propos.

Nous sommes début juillet. Ulcéré, un peu soucieux aussi, j'en parle, un samedi matin, à mon patron. « Ce n'est rien, enfin, Laumond, s'il fallait croire tout ce qui se raconte… »

Et il s'engouffre dans l'Élysée.

Je suis en train de garer la voiture quand un huissier s'adresse à moi : « Monsieur le Président aimerait vous voir, là, tout de suite. »

Je monte et je le trouve les pieds sur le bureau. Mauvais signe, chez lui. Signe d'embarras, camouflé sous un excès de décontraction.

– Racontez-moi à nouveau cette histoire, Laumond...

Les petits appelés m'ont encore, au café du matin, rapporté les propos peu amènes qui se sont échangés dans la soirée, et les noms d'oiseaux qui ont volé. « Chirac, me disent-ils, était très en colère contre Bernadette. »

– Mais ce n'est pas vrai, Jacques, enfin !

– Jurez-le-moi !

– Je vous le jure ! Sur le Christ !

À quelque temps de là, vers la mi-juillet, j'ai vu passer Bernard Landrieu, le directeur de cabinet de l'Élysée – l'homme qui gère les fonds secrets –, avec sous le bras le dossier d'Armelle.

C'est le même Landrieu qui devait me dire, quelques mois plus tard, quand tout était déjà résolu : « On ne fait pas toujours ce que l'on veut, monsieur Laumond. Il arrive même que l'on fasse des choses dégueulasses ! »

Il avait eu ce jour-là, sinon des scrupules, du moins une crise de sincérité. Ça ne le reprendra plus.

Ce n'est que beaucoup plus tard que j'ai compris que, en abattant Laumond et sa femme, on se débarrassait d'un homme qui en avait peut-être trop vu, et d'une femme qui en savait peut-être trop. N'avait-elle pas déjà été auditionnée par le juge Halphen, à cette date [1] ? La question de la répartition de la manne des marchés d'Île-de-France en particulier, le problème du financement du RPR en général, il y avait bien des sujets de conversation entre une gestionnaire scrupuleuse et un magistrat inquisiteur.

Sans compter que la brillante opération de la dissolution, imaginée en mars par un petit cénacle de grands conseillers, alourdissait sérieusement le climat autour du Président... Alors, inventer de toutes pièces des conspirations tordues, c'est construire autant d'écrans de fumée destinés à

1. Voir « Post-scriptum », p. 223.

détourner la colère présidentielle des vrais responsables du plus grand fiasco électoral *provoqué* de la décennie.

Scène 4. Nous sommes le 2 août, à l'aéroport de Villacoublay. Dans la voiture, malgré la chaleur estivale, l'ambiance est particulièrement maussade. Les Chirac partent dans les îles – il adore les îles, l'exotisme, et les vahinés.

Le visage de Bernadette est parfaitement fermé. Le Président sait que, dans quelques jours, je vais me marier. Il me tape sur l'épaule, me présente ses meilleurs vœux, et se tourne vers sa femme :

– Bernadette, allons, félicitez-le !

– Ah, il n'en est pas question !

Les officiers présents, le personnel de l'aéroport, tout le petit monde qui gravite sans cesse autour des Chirac se figent, stupéfaits, alertés par le ton et l'éclat de la voix.

Bernadette commence à gravir les quelques marches de la passerelle du Mystère 900. Un peu gêné, je m'éloigne déjà.

Chirac m'appelle, me fait signe de venir, et en même temps saisit le bras de sa femme. Une vraie scène de vaudeville.

– Bernadette ! Je vous le demande. Saluez M. Laumond. Et félicitez-le.

– Jacques ! Il n'en est pas question !

Puis, d'un mouvement sec, elle se dégage et s'engouffre dans l'avion.

Chirac, désemparé, lève les yeux au ciel, me serre la main, et disparaît sur ses talons.

Je suis resté là, au milieu de l'assistance statufiée, à me demander ce qui m'avait valu cette humiliation publique.

Et j'ai tenté de me rassurer. « Ça lui passera, pensais-je. Ils sont tendus, mais après les vacances, ça ira mieux. La cohabitation, et tout ça... Ça ne peut pas être personnel... »

On ne croit que ce que l'on veut croire. D'ailleurs, j'allais me marier. Que m'importaient les sautes d'humeur d'un sac à main ?

Imbécile que j'étais ! Comment ai-je pu oublier que ce n'est pas un hasard si Bernadette Chirac est surnommée, par ceux qui la connaissent bien, « la mante religieuse » – qui embrasse pour mieux étouffer ? La « tueuse » qui a fait le vide autour de son mari pour n'y laisser subsister que des béni-oui-oui, courtisans de la vingt-cinquième heure... Qui, patiemment, constitue des dossiers, qui relève tous les petits faits imaginaires allant dans son sens, et qui les ressort au moment de frapper... La même a contribué à jeter aux poubelles du chiraquisme toutes celles et tous ceux qui l'avaient aidée sans arrière-pensées – Chaban, Giscard, Pasqua, Michèle Barzach, Marie-France Garaud, les Tiberi, ou Françoise de Panafieu.

Alors, face à ces grands noms, qui pour beaucoup n'avaient pas de prébendes à réclamer parce qu'ils étaient déjà dans l'Histoire, que peut bien peser un chauffeur ?

Un autre témoin direct m'a confié que, peu avant son départ pour l'île Maurice, Bernadette était revenue sur le sujet, dans l'une de ces rages froides dont elle est coutumière, concluant encore une fois : « C'est lui qui me remplacera en Corrèze. Et qui sait s'il ne remplacera pas aussi mon mari... C'est lui qui aura tout ! »

Tout cela est incompréhensible à qui ignore le climat de paranoïa qui règne à l'Élysée, et chaque jour davantage, depuis l'élection présidentielle. Et encore plus depuis que Jospin est Premier ministre et que des indiscrétions sur tel ou tel agissement financier discutable filtrent régulièrement dans la presse. L'Élysée se comporte en forteresse assiégée. Luttant contre un ennemi intérieur insaisissable.

Et j'étais devenu cet ennemi intérieur. Sur moi au moins on pouvait mettre un nom.

Armelle et moi nous sommes mariés le 14 août, à Gassin, dans le Var. À l'heure précise de la cérémonie, la patrouille de France avait dessiné dans le ciel d'azur un cœur inoubliable. Et, tout à ma joie, du haut du village, je ne pensais plus à Bernadette.

Elle s'est malgré nous insérée dans notre bonheur. En cadeau de mariage, Armelle a reçu une couronne mortuaire – avec la carte de l'Élysée. Comme un Pied-Noir obstiné, dans les grandes années du FLN, recevait un cercueil. Comme un quelconque Continental mal inséré, dans les grandes cuvées du FLNC.

Les amis présents ont aussitôt brûlé cette horreur. Mais le souvenir, lui, s'obstine.

Début septembre, à leur retour, il devint évident que j'étais devenu *persona non grata*. Au Salon des Antiquaires, j'ai ouvert la porte de la limousine du côté de la Présidente : elle a préféré ramper à quatre pattes sur la banquette pour sortir de l'autre côté. Cette image de la première dame de France qui s'« animalisait » pour se passer de mes services m'a troublé profondément. Ce n'était pas digne, ni d'elle, ni de moi.

Je m'en suis ouvert à Landrieu, début octobre, sachant qu'il répéterait mot pour mot notre conversation au Président. Puis au docteur Kalfon, sachant qu'il..., etc. Et j'ai commencé, dans cette atmosphère étouffante, à me chercher un point de chute. Quelque chose dans la sécurité – dans une ambassade européenne ou, mieux, au Palais des festivals, à Cannes, où je savais le poste vacant. Quelque chose qui m'éloigne du nid délétère de l'Élysée, qui me permette de respirer.

C'est alors que Chirac me proposa Nouméa. Je serais chef de la sécurité d'une grosse boîte tandis qu'Armelle, promis juré, serait assistante de Jacques Lafleur. « Je vous envie, Laumond, me lança-t-il, avec ce culot phénoménal qui a inspiré une grande partie de sa carrière, vous allez dans un endroit où j'aimerais prendre ma retraite... »

À l'en croire, je partais en éclaireur.

« N'y allez pas, Laumond... »

« N'y va pas, Jean-Claude... »

Je ne peux pas dire que les avis négatifs m'aient fait défaut. Ni les « politiques » ni les amis de cœur n'approuvaient ma résolution. « Ils vont détruire votre ménage », prévenait l'un – trésorier général. « Nouméa c'est loin, et on y meurt facilement », dramatisait un autre – un homme de l'Intérieur qui savait de quoi il parlait. Les amis d'un club de réflexion auquel j'appartiens encore m'offrirent des palmes – « pour surnager, blaguèrent-ils, après l'accident... »

Ce qui m'a protégé, au fond, c'est le sentiment qu'avait la présidence de mon insignifiance. Chauffeur ils m'avaient trouvé, chauffeur j'étais resté pour eux – un meuble, une utilité, à peine un être humain. Et les deux chauffeurs qui ont pris ma succession auprès du Président sont, conformément au goût de sa femme pour la valetaille obéissante, des serviteurs aveugles et muets.

Aucun de ces gens n'a vraiment réalisé que je n'étais plus le petit jeune homme emprunté qu'ils avaient connu vingt-cinq ans auparavant. J'avais grandi avec eux. Ils m'envoyaient au bagne pour me faire taire – bien persuadés que, de toute manière, je ne saurais pas m'exprimer. Mais à force d'entendre, sur la banquette arrière, de belles intelligences échanger toutes sortes de propos – et parfois des propos un peu bêtes –, j'avais moi-même progressé. À force d'écouter, j'ai appris à parler.

L'autre question est de savoir en quoi nous représentions, ma femme et moi, une menace. La catastrophe avait été si brutale, si inattendue, que j'avais l'impression d'avoir attrapé un secret, comme on attrape un rhume, sans savoir où ni comment. L'Élysée, en cette fin d'année 1997, préparait déjà la présidentielle de 2002. Laumond pouvait-il être un facteur de risque ? Laumond savait-il quelque chose qui pouvait déstabiliser le Patron ?

L'argent ? Les valises de billets évoquées par Jean-Claude Méry ? J'ai porté bien des enveloppes, déménagé bien des valises, mais sans jamais rien savoir de précis sur leur contenu ni sur leur origine. Pour ce que j'en savais, ce pouvait aussi bien être l'argent des militants, si constamment sollicités. Ou celui de ces fameux fonds secrets qui, comme leur nom l'indique... Oh, bien sûr, quand nous avons quitté Matignon en 1988, il y avait bien des valises fermées à double tour.

Ce n'est pas un hasard si les coffres des voitures officielles sont si profonds.

Ou bien était-ce ma femme, Armelle, que l'on soupçonnait d'en savoir trop ? Qu'elle fût assistante du trésorier national d'un grand parti, cela pouvait en inquiéter plus d'un. « Je n'ai rien contre vous, madame, lui avait déclaré le juge Halphen, mais dites-moi juste ce que vous savez, nous ferons le tri plus tard... »

Ne m'a-t-elle pas raconté que, à l'occasion d'une perquisition des juges au quartier général du RPR, un élu de poids lui avait demandé précipitamment de vider le coffre du trésorier de l'argent liquide qu'il contenait ? Et qu'elle avait dû réfréner ses transes en lui expliquant qu'une absence d'argent, ça, ce serait vraiment suspect ? Qu'elle avait des factures à régler, et que la Brigade financière se ferait un plaisir de lui demander avec quel argent elle pensait le faire... ?

N'empêche : les consciences sont si peu claires que la moindre démarche judiciaire provoque une agitation frénétique. Ces gens-là auraient-ils quelque chose à cacher ? Certes, tous les partis d'Île-de-France et d'ailleurs ont pris depuis longtemps l'habitude de manger dans la même grande gamelle. Et le filoutage institutionnel a fini par faire croire à l'impunité.

Jusqu'à un certain point, du moins. Lorsqu'un jour, par hasard, je rencontrai Maître Vergès dans les sous-sols de l'Élysée – juste à la jonction des couloirs qui mènent d'un côté à l'aile du Président, de l'autre à l'aile de son Cabinet. Je l'ai salué d'un retentissant « Ah ! Maître ! Quel plaisir ! » tout en me faisant la réflexion qu'après tout cet ancien militant d'extrême gauche n'avait pas tort, lorsqu'il affirmait, dans les dîners en ville, qu'il avait ses entrées au palais présidentiel.

Oui. Par les égouts.

Alors, qu'est-ce que je connaissais qui était une menace ? Les détails crapoteux sur la vie sexuelle des grands qui nous gouvernent ? Bien sûr, j'avais en tête quelques récits peu reluisants, à la frontière de la gymnastique et de la politique. Mais ce sont des anecdotes connues de tous. De surcroît, depuis Henri IV, les Français ne répugnent pas, contrairement aux Américains, à avoir un chef d'État qui reste vert, et galant. Et l'exemple de Mitterrand est là pour absoudre Chirac.

Restait ce sur quoi je pouvais témoigner

vraiment : l'irrésistible ascension du jeune ministre de l'Agriculture vers les sommets de la République. Ou comment l'ambition autorise toutes les trahisons, sous la férule exigeante de sa femme. Lorsqu'il avait été question de divorce, elle lui avait lancé : « Vous ne serez jamais président si je ne suis pas avec vous » – et le grand petit garçon, encore une fois, avait obéi à Maman.

C'était cela, au fond, mon crime. Avoir servi aveuglément Jacques Chirac. Avoir partagé son intimité plus qu'aucun des membres de sa famille. Et bien davantage que les thuriféraires en herbe qui, depuis l'élection à la présidence, jalousent tout ce qui a servi avant eux. De peur sans doute que d'autres ne revendiquent les bénéfices qu'ils convoitent. On veut que le paysage de la réélection soit vierge des grands anciens. Question de générations. Claude Chirac avait rameuté de son mieux une certaine jeunesse en 1995. Du coup, elle et sa bande croyaient pouvoir se passer des aînés.

Paysage vierge et, si possible, désolé. On a voulu absolument (et on y est arrivé) isoler Chirac de la vraie vie, de tous ceux qui pouvaient parler le langage des gens, et celui de la rue. On a cherché (et non sans succès) à faire d'un homme aux goûts populaires, dans ses lectures comme dans les films qu'il aime à revoir, une potiche présidentielle, engoncée dans sa fonction, cernée de favoris, dont la compétence autoproclamée devait lui valoir, sans coup férir, une seconde élection triomphale...

## 2

## Le bagne, et après

Le 11 novembre 1997, au retour de l'Arc de Triomphe, pour l'hommage au Soldat inconnu, la grille du Coq s'ouvre devant moi. Oui, pour la dernière fois, je ramène le président de la République dans le palais de la Pompadour. Sans un mot, il rentre, et je range le véhicule au garage. C'est terminé. Plus jamais je ne conduirai Jacques Chirac, ni personne de sa famille.

Un « pot d'adieu » a été organisé avec cette précision à laquelle seuls parviennent les hypocrites consommés : au même instant, Chirac décore au rez-de-chaussée de l'Élysée son grand ami Jacques Boyon, ancien trésorier du RPR, ancien président de la commission Défense à l'Assemblée. Quant à savoir laquelle de ces deux missions méritait vraiment l'accolade du chef de l'État... Croix d'honneur là-bas, vin d'honneur ici.

En tout cas, la cérémonie dispense le Président de venir faire une apparition. Bertrand Landrieu, en son nom, dit quelques mots. Dominique de Villepin est là, comme pour s'assurer que nous partons effectivement. Mon épouse, moins bouleversée que moi, et plus lucide, me glisse à l'oreille : « On n'organise pas sans raison une réception dans le bureau même où François de Grossouvre s'est suicidé. Tu sais comment on remercie les collaborateurs fidèles, ici... L'humiliation ne touche que ceux qui l'organisent, au fond, mais je sens que nous allons souffrir. »

La seule consolation, c'est la présence des vrais amis, Joe Goldenberg, Marcel Campion, Pierre Sébaoun, Édouard Carlier, Alain et Marie-France Coquard, tout le personnel de l'Élysée... Et Michou, aux anges d'être enfin reçu ici : il a milité férocement pour Jacques Chirac pendant la présidentielle et on l'a « oublié », comme tous les fidèles, à la première garden-party du septennat.

Toutes ces personnes, en leur temps, ont été proches des Chirac. Les ont reçus, divertis, ou nourris. Toutes se sont brouillées avec eux, ou ont pris leurs distances.

Nous nous sommes offert un dernier repas, une ultime cène, fin novembre 1997, avec les mêmes – plus Mourousi, dont je dirai plus tard les curieuses relations qu'il avait eu l'occasion de nouer avec l'Hôtel de Ville et ses occupants.

Le 2 décembre, nous avons embarqué pour Nouméa. Les billets avaient été pris par la présidence de la République, dans un raffinement de cruauté perverse bien digne de la reine-mère : c'était la date anniversaire de la mort du docteur Bénassy.

Vingt-deux heures d'avion, c'est très long. On a le temps de ruminer le passé. J'aurais mieux fait de m'inquiéter pour l'avenir : à notre arrivée, comme, sur ordre de l'Élysée, nous n'avons pas de billet d'aller-retour, et pas de contrat de travail en bonne et due forme, nous sommes retenus « pour vérifications » par la Police de l'air et des frontières, la PAF. Parce que, pour entrer sur le « territoire », l'un ou l'autre de ces documents est indispensable. Et seule ma femme dispose d'un contrat : curieusement, il est daté de juillet 1997, à une époque où mon départ n'était pas même projeté, et il n'est pas à son nom.

Quant au logement que l'on nous destine, il doit être l'un des très rares, en cet été des antipodes, à ne pas disposer de l'air conditionné.

Ma femme, assistante de Lafleur, le « capo » de Nouméa ? En réalité, on l'a fait venir, pendant des mois, dans un bureau au premier étage de la province Sud, à Nouméa, sans lui donner la moindre occupation. Un placard aux antipodes.

Et moi, « chef de la sécurité »... La bonne blague ! On me fait lambiner, et la femme du P-DG qui devait m'employer m'avoue un jour froidement : « Jean-Claude, enfin, crois-tu que nous ayons besoin d'un chauffeur ? On vous a confiés à Lafleur et à nous pour que vous débarrassiez le terrain. Réveille-toi un peu... »

Armelle s'est mise à dépérir et a fini par tomber malade. Son médecin traitant lui a conseillé de rentrer à Paris pour consulter un spécialiste. Je fais l'aller-retour avec elle, mais les enfants doivent rester – en otages – à Nouméa. Autres temps, mêmes mœurs : on déportait jadis au bagne de

Nouvelle-Calédonie les « politiques » qui avaient déplu au pouvoir en place. Aujourd'hui, on exile. Rien n'a changé sur le Caillou.

Armelle, de Nouvelle-Calédonie, et sa mère, de Corrèze, multiplient alors les lettres, les suppliques, comme on disait sous l'Ancien Régime. D'ailleurs la V^e^ République est peut-être ce qu'il y a de plus proche des royautés passées, dont tous les grands démocrates portés par les élections à la tête du pays furent, peu ou prou, des nostalgiques.

Lettres à la présidence, sans effet. Lettres à l'Hôtel de Ville, où Jean Tiberi s'émeut de notre sort. Mais la chape de plomb est encore solidement vissée.

J'arrive un jour à avoir Dominique de Villepin au téléphone et j'explose : « Vous faites les cigales à Paris, et je pourrais bien vous faire danser... Alors tu vas dire au Président que j'ai assez joué et que mon problème doit se régler rapidement. » Oh, on l'a réglé très vite : quarante-huit heures plus tard, Jean-Pierre Guillemard, chef de cabinet de Lafleur, me convoque et me dit : « Inutile de harceler Paris au téléphone, j'ai des ordres, nous avons hérité des Laumond, nous faisons avec, mais nous pourrions très bien faire sans. »

Jamais je n'ai mieux senti le vent de la balle. Après tout, les grands de ce monde ne donnent jamais d'ordres précis. Mais un excité quelconque, un soldat de fortune, pense un jour rendre service. Louis XIII n'a-t-il pas fait Vitry maréchal de France parce qu'il avait pris l'initiative d'assassiner Concini ?

Les vrais amis, pendant ce temps, ne se déballonnaient pas. Quelques jours avant sa mort, Mourousi nous appelle. À l'en croire, nous allions rentrer bientôt et tous viendraient nous chercher en fanfare à l'aéroport... Où que tu sois, Yves, je pense à toi.

Le jour de son enterrement, Marcel Campion a pris Tiberi à part et lui a dit fermement : « Nous venons de perdre un ami. Je ne veux pas en perdre un second : débrouillez-vous pour que Laumond et les siens rentrent, et au plus vite. Il vous a accablé de lettres demandant sa réintégration à l'Hôtel de Ville. Et vous n'y avez pas répondu... »

Tiberi est tombé des nues. Oh, je pouvais bien envoyer courrier sur courrier : Bernard Bled, qui se voyait déjà calife à la place du calife, gardait sous le coude tous mes appels à l'aide.

Finalement, en juillet 1998, Bertrand Landrieu appelle ma belle-mère, en Corrèze, pour lui annoncer tranquillement : « Votre fille est folle, son mari aussi, ce sont deux grands malades, mais nous acceptons qu'ils rentrent, un travail les attend à l'Hôtel de Ville. » La bonne dame s'offusque de ce langage de sabreur, fait remarquer que je suis fonctionnaire et qu'une réintégration n'est pas une demande exorbitante, qu'il y a des règles, etc. Landrieu lui raccroche au nez. Elle appelle alors Bled, qui refuse de la prendre au téléphone.

Ce sont de petits faits vrais, sans importance particulière, mais révélateurs de l'esprit absolutiste qui règne dans les palais de la République.

Enfin autorisés à regagner la métropole (des amis nous ont escortés jusqu'à l'aéroport de la Tontouta, à cinquante kilomètres de Nouméa, pour être sûrs que rien ne viendrait entraver notre départ – eux connaissaient les mœurs locales), nous faxons audit Bled la date de notre retour et de notre rentrée en fonctions : le 1er septembre. Silence radio.

Quelques vrais amis sont venus, à cinq heures du matin, nous réceptionner à Roissy. En début de matinée, nous téléphonons au secrétariat de Bernard Bled – il est impensable, bien sûr, d'avoir le grand vizir en personne au téléphone. Et, à notre grande stupeur, on nous apprend que rien n'est réglé.

Passent les jours et passent les semaines… Nous vivons de la générosité de ma belle-mère. Un ami nous prête une voiture. Nous sommes surveillés, épiés, mis sur écoute. La reine-mère, au Palais, déblatère avec énergie sur notre compte. Son directeur de cabinet, Bernard Niquet, l'homme qui lui est le plus proche, répète à qui veut l'entendre que les Laumond sont fous et qu'il est excédé par cette histoire, dont sa souveraine ne cesse de lui rebattre les oreilles. Rien ne s'oublie des haines. En revanche, on ne se rappelle jamais les bienfaits, et surtout pas les services.

J'aurais sombré dans la déprime la plus totale sans le soutien de mes amis. Édouard Carlier, célèbre figure montmartroise, patron du

*Beauvilliers*, l'un des restaurants les plus courus de la capitale, nous convie à des dîners où, pêle-mêle, nous évoquons le passé, les amis disparus et les fidèles – ainsi Suzon Denglos-Fau, président de la République de Montmartre, vrai président d'une vraie République.

Finalement, Jean-José Gramond, chef de cabinet de Jean Tiberi, nous informe un soir que ma femme travaillera, à partir du 1er octobre, à la mairie du XVe arrondissement et que je suis moi-même – mais en qualité de contractuel – affecté au Père-Lachaise, qui dépend des Parcs et jardins de Paris. Dans un bureau installé sous les tombes. On ne saurait être plus clair.

Pourquoi contractuel ? Il faudra toute la ténacité de la CGT, dont je n'étais pas membre, et en particulier d'Yvon Cochard, que je connais depuis vingt ans, pour que je sois enfin réintégré – à la Direction de la protection de l'environnement, le 1er mars 1999, au terme d'une procédure compliquée à loisir. Entre-temps, on m'avait donné pour mission de m'inquiéter de l'état des vespasiennes des cimetières parisiens…

À qui rechercherait une occupation entre humilité et humiliation, je recommande cette tournée des pissotières. Photos, dossier complet, sur les lavatories des vingt cimetières parisiens.

Le clou, si je puis dire, fut cette mission d'exhumation que l'on me confia, non sans intention maligne et message subliminal, au cimetière de Thiais. Il était sept heures du matin – une aube boueuse, incertaine. Je regardais sortir de terre les fragments de cercueils mêlés aux ossements des morts « réformés » pour abus de concession. Et je me demandais quel conseiller occulte – le même, peut-être, qui avait eu la délicate attention de la couronne mortuaire à mon mariage – assouvissait sur moi – sur nous – ses penchants nécrophiles.

C'est alors qu'un éditeur, le directeur général des Éditions Ramsay, Jean-Claude Gawsewitch, est venu me proposer d'écrire mes souvenirs. Dans ces catacombes a germé l'idée de montrer à tous ceux qui pensent que Jean-Claude Laumond, ce « brave garçon », devrait s'estimer heureux d'avoir conduit dans de belles limousines toutes les personnalités les plus marquantes du dernier quart de siècle, qu'ils ont peut-être eu tort de le mépriser. Tort de croire que l'ancien cuistot des usines Renault n'avait pas profité de la fréquentation des grands de ce monde, de Margaret Thatcher à Bill Clinton, du pape Jean-Paul II à Boris Eltsine – parmi tant d'autres. Sans compter tous les chefs d'État de pays émergents, comme on dit, africains particulièrement, qui quémandaient, sur la banquette arrière de la voiture du Premier ministre, dans des conversations hors caméra, tel avantage nouveau, telle faveur bien française, ou relançaient des négociations complexes où il était question de pétrole, d'armes, ou, plus ordinairement, d'argent.

« Le plus sidérant, me fit remarquer Jean-Claude Gawsewitch, c'est qu'un simple coup de fil de Chirac t'aurait permis de reprendre du service n'importe où. Votre histoire pouvait très bien repartir sur des bases nouvelles, loin des jalousies un peu écœurantes de l'Élysée. Mais orgueil, obstination, mépris réel, et stupidité surtout, rien n'est venu... »

Ce livre est aussi une méthode de désintoxication. Pendant des années, j'ai été drogué au Chirac, drogue dure. Chirac, Chirac, Chirac, Chirac, je rêvais Chirac, je mangeais Chirac. J'avais l'irritation facile des initiés, ceux qui appartiennent au dernier cercle, ceux qui savent. Chirac était mon héros, comme d'autres ont leur héroïne. Moi qui ai toujours prétendu garder les pieds sur terre, je perdais peu à peu le sens des réalités, calfeutré que j'étais dans l'orbe du grand homme.

Tout dire, n'est-ce pas la meilleure façon de mener à bien une thérapie ?

# 3

# Les premiers pas

Lorsque, le 6 juillet 1972, Jacques Chirac reçut de son prédécesseur, Michel Cointat, le maroquin de l'Agriculture, il avait à peine quarante ans et c'était, à l'aune du parti gaulliste d'alors, un jeune homme plein d'avenir. En 2002, par rapport aux jeunes loups d'un parti qui ne feint même plus de ranimer la flamme gaullienne, le candidat Chirac en aura soixante-dix.

On lui prédisait donc un avenir prometteur – mais qui aurait imaginé, sinon lui, qu'il occuperait un jour le palais où Pompidou achevait alors lentement son parcours terrestre ?

Pour moi, je n'étais à ce jour que le chauffeur du directeur de cabinet du ministre – rien, en somme.

Je suis né le 24 janvier 1947 à Palaiseau, dans cette Seine-et-Oise qui ne s'appelait pas encore l'Essonne. Mais les Laumond viennent de Beaulieu-sur-Dordogne, en Corrèze. Bien involontairement (encore que le facteur sentimental ait peut-être joué), j'ai été le premier membre de cette « cellule corrézienne » qui fit les beaux jours de l'hôtel de ville de Paris dans les années quatre-vingt.

Dans les divers métiers qui constituent mon héritage familial, celui qui revient le plus souvent à des degrés divers est celui de restaurateur. Et j'ai, presque naturellement, passé un CAP d'hôtellerie.

À l'époque, pourtant, les fourneaux ne me passionnaient guère. J'aimais les voitures, j'ai toujours aimé les voitures. L'ami auquel j'ai offert ma collection de Dinky Toys doit aujourd'hui s'en féliciter. Je rêvais de devenir pilote.

De mes deux frères, l'un, René, travaillait à la direction de la restauration de la Régie Renault, où il concoctait les petits plats des cadres supérieurs. L'autre, Jean-Pierre, était technicien aux essais des nouveaux véhicules. Ma vocation m'entraînait par ici, mais le diplôme m'aiguillait par là : je suis donc entré aux cuisines des usines Renault, en 1968.

C'est peu dire que les événements du Quartier latin, ni même la grève générale, ne me concernaient pas. Mon seul rêve, c'était de devenir pilote d'essai, et j'avais chaque jour l'occasion d'approcher ceux de la Régie. Ils s'amusèrent sans doute de ce jeune homme mal dégrossi qui ne parlait que moteurs et performances. Ils m'amenèrent aux séances d'essai – c'était la grande époque des Alpinettes. Nous partions faire rugir les moteurs sur le seul tronçon d'autoroute à notre disposition, entre la porte de Saint-Cloud et Bois-d'Arcy. C'est à cette époque que j'ai appris les mille petits détails qui font la différence entre un chauffeur ordinaire et un pilote. J'étais né pour ce métier, et j'y arrivais, tout doucement, par la bande.

Le mot passa d'un pilote à l'autre et par quelque circuit souterrain, si bien qu'un beau jour de 1969 je vis débarquer un fonctionnaire du ministère de l'Agriculture qui cherchait un chauffeur.

Tous les ministères renouvelaient alors leur personnel. De nombreux chauffeurs étaient entrés en fonctions à la Libération, et ils arrivaient doucement à la retraite. De surcroît, on changeait de président. Une ère nouvelle commençait. Il y a eu une génération Pompidou comme il y aura, plus tard, une génération Mitterrand.

À vrai dire, l'idée de conduire, en père de famille, des personnalités diverses ne m'aurait guère excité sans la perspective de me retrouver au volant de ces voitures mythiques que furent les DS, ces Citroën qui en étaient arrivées, surtout après l'attentat du Petit-Clamart, à symboliser l'État, de Gaulle et les glorieuses années soixante.

On me testa, on me retesta. Le chef de garage du ministère de l'Agriculture et son adjoint me firent rouler une heure dans Paris, scrutant le moindre de mes gestes, guettant l'erreur.

– Allez au tombeau de Napoléon et garez-vous devant, finirent-ils par m'ordonner.

Le tombeau de Napoléon ? Curieux point de chute…

En fait, nous allions au *Tourville*, un restaurant alors réputé, pour y arroser mon embauche.

Quelques semaines plus tard, le 5 janvier 1970, j'intégrai donc le ministère de l'Agriculture. J'y fus nommé chauffeur du directeur adjoint de l'École nationale du génie rural, M. Servat. Un homme fort aimable, que ses fonctions amenaient aux quatre coins du pays. Puis, en 1971 – nous rentrions de l'inauguration du parc de la Vanoise –, je fus « promu » chauffeur de M. Michardière, directeur de cabinet du ministre, Michel Cointat.

Une autre vie commença, rue de Varenne. Quelques impairs, dans les premiers temps, me prouvèrent que je ne connaissais pas Paris aussi bien que je le pensais, et je passai mes loisirs à sillonner la capitale, calculant les meilleurs trajets d'un point à un autre. Même si, au fond, les personnalités sont assez casanières et fréquentent toujours les mêmes endroits. On pourrait presque en tirer, d'emblée, une morale : en dehors des lieux obligés, les excellences qui nous gouvernent ne voient rien du monde réel. Elles sont sur des rails, absorbées par le déchiffrement des dossiers dont elles s'encombrent pour mieux garder l'air affairé. Aveugles à tout ce qui est au-delà des murs de leurs itinéraires journaliers.

Ainsi, un directeur de cabinet de l'Agriculture quitte rarement son ministère – contrairement à son patron, contraint par la dure loi de la politique de flatter le cul des vaches dans tous les comices agricoles de France et de Navarre. Je prenais mon directeur à son domicile le matin, je l'amenais au bureau, dont il sortait (rarement) pour déjeuner en ville, et je le ramenais le soir. Cet emploi du temps millimétré me permettait de faire ses courses – aller chercher ses costumes au pressing, par exemple. Une occasion d'arrondir mes fins de mois : la secrétaire me donnait de l'argent pour payer les fournisseurs et « oubliait » gentiment de me demander la monnaie.

Un incident, qui aurait pu être grave, décida peut-être de mon destin ultérieur. Un matin, sur le chemin du ministère, un camion nous coupa brutalement la route à un carrefour. Au lieu de freiner en braquant les roues – ce qui aurait infailliblement amené le véhicule qui nous suivait à nous pulvériser contre les voitures en stationnement –, j'ai laissé le camion accrocher notre aile et nous tirer jusqu'au moment où j'ai pu nous dégager en douceur. Bien sûr, la voiture était bonne pour la casse, mais mon passager n'avait pas la moindre égratignure – à peine s'il avait été un instant brinquebalé. Pendant que je dressais le constat, M. Michardière repartit pour le ministère en taxi.

Quand j'y arrivai moi-même une heure plus tard, il m'apprit qu'il avait enrichi mon dossier administratif du détail de nos péripéties : « Cela vous servira toute votre carrière de m'avoir sauvé la vie », m'assura-t-il. Et, de fait, le bruit se répandit dans le ministère que Laumond avait de bons réflexes.

Lors du remaniement qui porta Jacques Chirac au ministère de l'Agriculture, le directeur de cabinet céda son poste à un Corrézien, ancien préfet de Tulle. Moins de trois semaines plus tard, la secrétaire de Chirac m'appela : « Le ministre veut vous voir. »

C'est le style typique des convocations ministérielles. On ne sait jamais si l'on a plu ou déplu. Une façon, sans doute, de jouir de son petit pouvoir.

Chirac, derrière son bureau, m'invita à m'asseoir. J'attrapais une chaise quand il précisa : « Non, non, prenez donc le grand fauteuil. » Jeune comme je l'étais, j'ignorais qu'il faisait le coup du fauteuil à chaque subordonné dont il voulait obtenir quelque chose. En attendant, j'étais dans mes petits souliers. Que me voulait le ministre ?

Me voilà donc engoncé dans un fauteuil profond. Lui en revanche se lève, va, vient, virevolte, passe dans mon dos, rentre dans mon champ visuel, et disparaît encore. Je m'épuise à essayer de le suivre du regard. Et en même temps, il attaque :

– Monsieur Laumond, j'ai entendu le plus grand bien de vous. Et je vous ai observé. J'aimerais que désormais vous vous occupiez de ma famille.

Bille en tête. C'est son genre. Et la requête me flatta. La République, bonne fille, offre en effet aux ministres deux chauffeurs, l'un pour eux, l'autre pour leur famille.

– Très bien, monsieur le ministre.

– Je vous préviens tout de suite : je ne veux pas de problèmes.

En clair (mais ceci, je ne le comprendrais que plus tard) : « J'ai autre chose à faire que d'entendre ma femme récriminer tous les soirs à propos de son chauffeur. Donc, de la compétence, de l'efficacité, et pas de vagues. »

– Bien, monsieur le ministre, acquiesçai-je, avec un hochement de tête entendu.

– Alors, vous êtes d'accord ?

– Je le suis.

De ce jour, j'entrai au service des Chirac, mari, femme et filles. Ces dernières surtout.

Dès le lendemain, j'allai chercher les deux enfants rue Boissière, entre l'Étoile et le Trocadéro, et les amenai à l'école.

Laurence, l'aînée, venait d'avoir onze ans. C'était presque une jeune fille, à l'esprit particulièrement vif, qui rêvait – déjà – d'être médecin. Pour elle, très vite, je devins le grand frère qu'elle n'avait pas.

Claude, sa cadette de deux ans, avait des préoccupations de petite fille et un goût vif pour les animaux, qui lui est resté. Elle avait imposé à ses parents, malgré leurs préventions, un chien cocker baptisé Uxal.

Un mot au passage sur les Chirac et leurs animaux. Le Grand est trop loup pour être chien. Quant à sa femme, elle a avec les bêtes des attitudes plutôt réservées. Je la revois encore disant à Jasmine : « Allons ! Chien ! Bougez pas ! » avec un petit air pincé qui stupéfiait la chienne. Car il y eut Jasmine, une jeune femelle bleu d'Auvergne offerte par Giscard, toujours très « chasse », à son Premier ministre, qui avait admiré la mère. Non sans malice, je pense. (Il aura par la suite un labrador, comme Mitterrand. Mais je reviendrai sur cette obsession de Chirac à imiter, en tout et partout, son prédécesseur.)

Le débarquement de Jasmine dans la vie du Premier ministre fut d'ailleurs un coup fort réussi de Giscard. Il convoqua Chirac, le priant de venir de toute urgence. Le Grand, qui s'attendait sans doute à une révélation de première importance sur les intérêts vitaux de la France, dévala quatre à quatre les marches de Matignon. Ne trouvant pas son chauffeur dans la cour, il se jeta au volant de la première voiture et partit comme un fou à l'Élysée. Il fut sans doute légèrement sidéré d'apprendre que toute cette précipitation n'avait pour but que de lui offrir un chiot. Et le voilà rentrant à Matignon avec, dans une couverture roulée à côté de lui, une adorable créature aux yeux morts d'amour.

Jasmine calqua sa conduite sur celle de son maître, dans les années qui suivirent, et, à Bity, trouva un trou dans le grillage pour aller courir le guilledou. Honorée par un bâtard du voisinage (elle non plus ne répugnait pas au tout-venant), elle en eut deux chiots, l'un que Claude garda, l'autre qui fut donné au concierge de l'hôtel de ville de Paris. Comme le bâtard appartenait à un communiste notoire, Chirac, hilare, s'était exclamé : « Voilà que j'ai un communiste dans la famille ! » Bernadette, scandalisée, le réprimanda : « Mais enfin, Jacques, vous réalisez ce que vous dites ? » L'histoire amusa le Grand tout un été.

Je suis vite devenu un intime. Lorsque son frère se maria, Bernadette, qui déjà régissait en chef, me demanda de veiller à l'ordonnancement des véhicules.

Quand je dis que je devins le chauffeur des Chirac, il faut comprendre le nom au sens générique. Les beaux-parents du ministre tenaient dans cette famille une place importante. M. de Courcel, son beau-père, trop tôt disparu, partageait ma passion des voitures et se toquait de vitesse, de performances et de records. Chaque fois que je le conduisais, presque toujours sur les mêmes itinéraires, il gardait les yeux rivés à sa montre et, de carrefour en carrefour, comparait nos moyennes d'une fois sur l'autre. Quant à Mme de Courcel, c'était une aristocrate assez consciente de son rang pour ne pas avoir de préjugés de caste. Toujours courtoise, elle aimait cependant cultiver l'humour à froid. Rituellement, elle venait déjeuner chaque dimanche midi chez sa fille, et c'était moi qui la prenais chez elle et l'y ramenais. Combien de fois, aux amabilités de Jacques Chirac, elle ripostait, pince-sans-rire : « Mais n'oubliez pas, Jacques, que vous n'auriez jamais dû entrer dans la famille... »

L'anecdote, pour minuscule qu'elle soit, est plus significative qu'il n'y paraît. Qui dira la part de ces humiliations légères dans l'ambition d'un grand homme ? Qui dira, surtout, si un jour dans sa vie Bernadette, née Chodron de Courcel, s'est sentie « Chirac » ? Peut-être ce soir d'élection où, alors qu'ils étaient traqués par les motos de la télévision, je leur ai fait traverser Paris comme un rêve de gloire enfin réalisé...

Outre les trajets quotidiens vers les écoles respectives des deux enfants, je revenais à l'appartement prendre Mme Chirac et l'amener où le protocole l'exigeait. Ou chez les grands couturiers. Elle adorait alors Chanel et Guy Laroche, et la voiture était comme sur des rails, de la rue Boissière à la rue Cambon.

Parfois – mais rarement, puisque j'étais avant tout le chauffeur de la famille –, je transportais le ministre. La voiture était alors l'autel d'un rituel dont j'ignorais tout, celui du courrier : Chirac entrait, tenant à la main une pile de lettres, qu'il dépouillait avec voracité. Il froissait les enveloppes au fur et à mesure et les jetait devant lui. Je me rappelle, la première fois que l'une de ces étranges boulettes est venue s'écraser sur le pare-brise, avoir tiqué et demandé :

– Monsieur ? J'ai fait quelque chose… ?

– Mais non, mais non, me coupa-t-il, je fais toujours comme ça, ne vous formalisez pas !

## 4

# Matignon, première époque

Pompidou mourait chaque jour davantage. Le public voyait bien les ravages d'une maladie qui ne disait guère son nom. Ceux qui se croyaient mieux informés péroraient sur les effets de la cortisone, qui gonflait le chef de l'État au point de réduire ses yeux à deux fentes. Seuls quelques-uns connaissaient le nom exact du mal [1] qui lui détruisait le sang. Mais le Président, aidé de ses médecins, remarquables de discrétion, employa tout son talent à cacher la gravité de son état. Aussi l'annonce de sa mort fit-elle l'effet d'une bombe.

Personne ne s'y attendait : le 2 avril, Bernadette m'avait demandé de la conduire au château de Bity, la propriété que le couple avait acquise sur

1. La maladie de Waldenström.

la commune de Sarran, en Corrèze, quelques années auparavant. Nous étions à peine arrivés que son mari lui téléphonait la nouvelle et réclamait son retour immédiat. Bernadette annula son déjeuner du lendemain avec l'évêque de Tulle. L'événement nous donna sans doute à penser à tous deux, car je me rappelle notre silence obstiné pendant tout le trajet, à travers les solitudes du plateau de Millevaches.

Pompidou n'était même pas mis en terre que déjà la campagne commençait. L'héritier naturel, Chaban, fut lâché par une bonne part des gaullistes, emmenés par un Chirac qui, en s'alliant avec Giscard, jadis responsable de l'échec du référendum ayant entraîné le départ de De Gaulle, franchissait le Rubicon.

Le jour du second tour, je ramenai Mme Chirac en Corrèze, le temps pour elle d'aller déposer dans l'urne les deux bulletins – le Grand avait préféré rester à Paris, où nous le rejoignîmes dans la soirée.

– Quand on fait de la politique, il ne faut pas avoir de château. Sauf s'il est dans la famille au moins depuis Louis XV, l'avait un jour tancé Pompidou.

– Mais je n'ai que trois fenêtres, avait protesté Chirac.

– Oui... Trois fenêtres... Mais sur chaque façade et à chaque étage !

La discrétion de cette gentilhommière n'a guère empêché *Le Canard enchaîné* d'en faire ses choux gras, jadis comme aujourd'hui. C'était certainement de la bonne polémique, mais bien exagérée : Bity n'a guère qu'une dizaine de pièces (à peine une trentaine avec les dépendances). Cependant, les pierres grises sont belles, surtout sous la pluie, et le parc à la française, avec sa fontaine murmurante et ses immenses sapins, est superbe. Chirac avait acheté l'ensemble en 1969, avec l'argent hérité à la mort de son père, l'année précédente. Était-ce pour répondre à un vœu muet (ou explicite ?) de sa femme ? En tout cas, elle était tombée amoureuse de cette maison, qui lui donnait un statut de châtelaine. Elle s'était chargée elle-même de meubler Bity. Sans ostentation, avec de belles choses chinées chez les antiquaires. Elle a d'ailleurs dans ce domaine un goût très sûr, et une culture sans faille.

C'est à Bity qu'elle avait laissé pour la première fois libre cours à son instinct de décoratrice d'intérieur. En 1995, ce goût ne l'avait pas quittée puisqu'elle n'emménagea à l'Élysée que huit ou dix mois après l'élection présidentielle, le temps pour elle de restaurer les ors de la Pompadour.

À Bity, surtout, Chirac tombait le masque du grand commis. Il enfilait un jean et un chandail – un pull en grosse laine offert peu avant sa mort par Pompidou. Les Chirac ont d'ailleurs l'un et l'autre au château une garde-robe champêtre à la limite du présentable – Westons ressemelées et vestes élimées au style décontracté.

Le Patron profitait aussi de la cave remarquable, montée au gré des cadeaux offerts, durant son ministère à l'Agriculture, par toute la profession.

C'est ainsi que je devins caviste, outre mes fonctions de chauffeur, de dame de compagnie des Chodron de Courcel (nous allions souvent à Bity avec Bernadette, sa mère et sa sœur, Mme de Monclin) et de nounou – j'ouvrais les petits pots du bébé de cette dernière. J'emmenais aussi Mme de Courcel à La Baule : c'était une intense bavarde que j'assommais à grandes lichées de bordeaux, à la première auberge de campagne venue, pour pouvoir ensuite conduire en toute quiétude – jusqu'à ce que la bienheureuse, qui sommeillait à l'arrière, ouvre les yeux, à l'instant où je coupais le contact, et murmure, ravie : « Mais... nous sommes déjà arrivés, monsieur Laumond ? »

J'avais d'ailleurs, à Bity, en reconnaissance de mon dévouement, la seule chambre du deuxième étage disposant de son propre cabinet de toilette : les deux filles et l'officier de sécurité se partageaient la salle de bains commune de l'étage. Invariablement aussi, quand nous arrivions, le soir, Chirac m'invitait à sa table – une attention que sa femme n'a jamais eue spontanément. Et quand il me voyait, à la fin d'une journée très chargée, vaciller sur ma chaise, il me lançait :

– Venez, Laumond. On va se coucher.

– Mais, Monsieur, je ne peux pas. Je dois aider Madame à débarrasser.

– Non, non, laissez ça, venez, on monte tout de suite.

Chirac était d'ailleurs dans les mêmes dispositions avec l'ensemble de son équipe. Il accordait toute sa confiance à qui faisait bien son travail. Du coup, on n'en travaillait que mieux. « Notre ambition n'était pas de lui poser des problèmes, mais de les résoudre », a résumé un jour Jacques Toubon – peut-être avec une pointe de nostalgie, eu égard aux attitudes compassées de la présidence aujourd'hui.

Le changement dans la continuité : c'est ainsi qu'on appela la réussite du tandem Giscard-Chirac à l'élection de 1974. Et il en fut de même à mon humble niveau : « Laumond, vous suivez, mais je ne veux pas de problèmes... » Air connu.

Nous visitâmes ensemble Matignon, stupéfaits de l'exiguïté du logement réservé au Premier ministre (un quatre pièces dont Balladur, parvenu au poste, fit le secrétariat de son épouse...), et ravis par la splendeur de la cave, où s'alignaient des dizaines de bouteilles historiques. Chirac a toujours été un bon buveur. Il descendait à l'époque ses deux bouteilles de Dom Pérignon par jour, en sus du reste, et ne s'est mis à la bière que lorsque la combinaison de l'âge et des charges l'a rendu plus précautionneux quant à la conservation de son entière lucidité.

M. Lemerer, l'intendant des lieux, avoua au

*Octobre 1974. Au service de Bernadette Chirac.*

*Laurence Chirac en voyage privé avec son père.*

*21 mars 1977. Jacques Chirac et Michel Boutinard Rouelle, son chef de cabinet, descendent les Champs-Élysées, pour fêter leur victoire à la mairie de Paris.*

*1977. Au service de Jacques Chirac, devenu maire de Paris.*

*Mars 1979, Corrèze.*
*Avec le soutien de son mari, Bernadette Chirac lance sa campagne pour les élections au Conseil général.*

© Christian Boyer

*Avril 1979, Strasbourg. Campagne pour les élections européennes. Au second plan à droite, Robert Schuman. À gauche, l'auteur.*

nouveau Premier ministre que les négociants qui approvisionnaient Matignon avaient l'habitude, pour chaque centaine de bouteilles commandée, de livrer une caisse en prime, que cet homme avisé versait immédiatement à la cave du personnel. Chirac voulut la voir, soupesa en amateur la qualité des étiquettes et, d'un grand sourire, félicita l'intendant : « Vous avez constitué là, vraiment, une très belle cave. » Il n'y fit plus jamais allusion, et le personnel put continuer, en toute impunité, à boire le décime des vins de son patron.

J'étais toujours, avant tout, le chauffeur de la famille, et le « tonton Laumond » des filles. Claude, pour s'amuser, un jour où je l'avais conduite à son cours d'équitation de l'École militaire, me força à grimper, en costume de ville, sur l'une des plus hautes montures de l'établissement. Je me tirai honorablement de l'aventure et devins, pour un temps, « super-tonton Laumond ».

Elle n'avait guère que douze ou treize ans à cette époque et elle en était à cet apprentissage de la tyrannie que, chez les enfants, on nomme « charmants caprices ». Elle avait repéré chez un chausseur un modèle qui lui plaisait particulièrement et m'avait tanné jusqu'à ce que je le lui achète – un peu inquiet tout de même des réactions de sa mère. Je lui en fis la surprise, un soir, à la sortie de l'école, et elle enfila séance tenante les chaussures tant désirées. À peine fûmes-nous dans l'appartement qu'elle se rua dans les couloirs, appelant sa mère : « Maman, maman, viens voir les belles chaussures que m'a achetées M. Laumond ! » Bernadette, fort heureuse de voir sa fille si enthousiaste, me remboursa immédiatement les chaussures, et même un peu plus : elle ignore l'usage de la monnaie, et ne règle qu'en billets.

La famille résidait toujours rue Boissière. L'appartement de Matignon ne servait qu'au Premier ministre, soit quand il devait travailler tard, soit pour l'une de ces « siestes réparatrices » dont il sortait immanquablement plus détendu, sinon plus reposé.

Chirac à Matignon, mon champ d'exploration s'élargit considérablement. C'était un avant-goût des périples qu'il me ferait accomplir lorsque je deviendrais son chauffeur personnel. Nous allâmes ensemble en Iran : c'était avant la révolution et les ayatollahs, le Shah offrit à toute la suite de son invité une bague en or commémorative – et des débauches de caviar.

Nous nous rendîmes souvent aussi au Maroc, où je fus le héros très involontaire d'une petite scène pittoresque. Un spectacle plus ou moins oriental était prévu, et, à travers le rideau, je regardais les ultimes répétitions des danseurs. Quelques pas me rappelèrent les contorsions du twist, que j'avais beaucoup pratiqué dans la décennie précédente, au Golf Drouot. Au moment où j'en faisais la démonstration aux danseurs, l'un de ces hurluberlus trouva très drôle de lever le rideau. Chirac et son hôte, passé le premier moment de stupeur, éclatèrent de rire, et la soirée se termina dans l'hilarité générale.

À l'été de 1976, Chirac reçut à Bity l'ambassadeur de Chine en France. Je fus convoqué à Matignon séance tenante.

– Laumond, j'ai besoin de vous, et tout de suite.

– Bien, Monsieur.

– La cuisinière de Bity manque d'ingrédients pour recevoir dignement l'ambassadeur. Il faut que vous portiez au plus vite au château les cartons qu'on va vous remettre.

Trois heures et demie plus tard, j'étais à Bity, d'où j'appelai, pour rendre compte, Denise Esnous, l'ancienne secrétaire particulière de Pompidou que Chirac avait récupérée pour diriger son secrétariat de Matignon. « Mais comment fait-il, comment fait-il ? » s'exclama le Premier ministre, quand elle lui annonça que j'étais déjà arrivé.

C'était une époque où les députés n'avaient pas encore voté les limitations de vitesse qu'ils respectent eux-mêmes si scrupuleusement, comme chacun sait. Mais l'exploit resta dans les annales : Jean-Claude Decaux, qui vint souvent à Bity – les bonnes relations avec le maire de la capitale sont précieuses aux industriels spécialistes du mobilier urbain –, n'a jamais pu, au volant de sa Porsche, faire mieux que trois heures quarante-cinq. Chirac, toujours pressé, aimait tellement aller vite que nous avons semé un jour, entre Tulle et Limoges, les gendarmes qui avaient prétendu nous escorter.

Chirac arriva le lendemain en hélicoptère avec son hôte. Et c'est à l'occasion de cette visite de l'Empire du Milieu à Bity que je fis la connaissance du docteur Bénassy, conseiller général et maire de Corrèze, la bourgade fortifiée qui a donné son nom au département.

Mais je ne savais pas encore qu'un jour j'épouserais sa fille – et tout ce qui s'ensuivrait.

# 5

## La conquête de Paris

Deux semaines plus tard, le 25 août 1976, le Patron quittait Matignon, avec pertes et fracas.

Cela faisait deux mois que j'étais le témoin muet de l'aigreur de ses relations avec Giscard. Les Chirac, invités par le président de la République, avaient passé le week-end de Pentecôte à Brégançon. La presse satirique se fit l'écho de l'histoire des chaises : Jacques et Bernadette furent installés, pour le dîner, sur de simples chaises, pendant que les Giscard trônaient sur des fauteuils. Mais ce que les journalistes, qui se gaussaient volontiers des prétentions nobiliaires du chef de l'État, apprécièrent mal, à l'époque, ce fut l'humiliation des Chirac, et la cicatrice durable que cette taquinerie enfantine laissa dans l'esprit du Premier ministre. Derrière mon volant, j'entendais chaque jour le ton des récriminations se faire plus âpre.

Le fond du problème, c'était que Giscard était à peine plus âgé que Chirac (et qu'aujourd'hui Chirac est à peine plus jeune que Giscard), et que le Grand sentait qu'il le barrerait – sans jeu de mots – toute sa vie.

Chirac aime les westerns : on en était à la dernière séquence de *Vera Cruz*, où les deux « amis » se retrouvent face à face…

C'était tôt le matin. Il me convoqua dans son bureau, et, comme j'allais prendre une chaise, il me proposa de choisir plutôt le grand fauteuil. « Allons bon ! pensai-je, que va-t-il me demander ? »

Et le Zébulon de recommencer son manège de virevoltes – attaquant de tous les côtés à la fois.

– Laumond, je quitte Matignon. Voulez-vous rester à mon service ? Rassurez-vous, vous ne perdrez rien de vos avantages.

Faisait-il allusion aux conditions matérielles qui, à grand renfort de primes, font des chauffeurs de personnalités des esclaves un peu moins mal payés que les autres ? Il balaya ma question d'un geste énergique : foin de tous ces détails !

– Alors ? reprit-il. C'est oui ?

Il n'avait pas l'air tendu. Plutôt content, comme un écolier qui fait une bonne blague. Il lâchait Giscard qui allait le lâcher. C'était bien joué.

– Ma foi, Monsieur...

– Donc, c'est oui. Vous verrez, Laumond, vous n'aurez qu'à vous en féliciter. Bon, passons aux choses pratiques : mon successeur, Raymond Barre, arrive en fin d'après-midi. Je veux que, d'ici là, vous m'ayez déménagé tout ça...

Geste vague de la main. « Tout ça », c'était son bureau entier : les affaires personnelles, mais aussi les dossiers, des porte-documents soigneusement bouclés – le trésor de guerre d'un pirate qui reprenait la mer.

Il devait me faire le même coup en 1988, quand à nouveau nous avons déménagé de Matignon. Je n'ai pas posé de questions sur ce que contenaient les valises : je me suis contenté de les empiler dans les profondeurs providentielles du coffre de la voiture.

Lemerer et moi avons organisé l'évacuation des lieux en un temps record. Tout fut rapatrié à l'appartement de Boissière, dans la cave. Nous avons aussi rendu aux grands couturiers les tailleurs prêtés à Bernadette Chirac pour les circonstances officielles. À cinq heures du soir, Matignon ressemblait à une maison mise en vente par une agence : vide comme au premier jour.

À ceci près que Messmer avait laissé dans le coffre, à la disposition de son successeur (il est le seul Premier ministre, à ma connaissance, à l'avoir fait, mais lui n'avait pas l'intention de conquérir Paris), le reliquat des fonds secrets.

En fin d'après-midi, nous en avions terminé, lorsque Raymond Barre arriva à Matignon – « le meilleur économiste de France », comme l'appelait Giscard. Le Président sans doute pensait gagner au change : il substituait à un électron libre un homme rassis, déjà plein de son importance. C'était mal calculé : dès qu'il ne fut plus entravé par les exigences de sa fonction, le Grand se déchaîna tout à fait.

D'ailleurs, ce soir-là, il nous emmena tous dîner dans un restaurant proche de son domicile : ce départ était une fête.

Pendant la journée, le chauffeur de Raymond Barre – tous les chauffeurs de personnalités se connaissent, et tissent des liens à la fois discrets et durables – m'avait téléphoné : « Tu peux rester à Matignon, m'avait-il suggéré, la famille de Barre serait ravie de te récupérer. » Je n'en fis rien, et décidai de garder mon statut, même si je perdais mes chances d'avancement, car j'étais désormais sous les ordres d'une ancienne personnalité.

En sa qualité d'ex-Premier ministre, Chirac pouvait disposer d'une voiture, d'un chauffeur et de deux officiers de sécurité. Bernadette se passerait désormais de mes services. Un militant du parti gaulliste se dévoua pour amener Claude à l'école chaque jour. Laurence, inscrite dans un pensionnat, n'avait pas besoin d'un transport quotidien.

J'avais envie de travailler pour le Grand. Et puis je faisais partie des meubles, à présent – mieux : de la famille. Sans doute ai-je un sens du clan un peu suranné : en se séparant de moi sans un remords, Chirac m'a démontré qu'il avait perdu, lui, le sens de la famille – la vraie, celle qui vous épaule et ne vous demande rien.

J'avais accepté parce que, dans ma foi gaulliste de jeune homme, je voyais en Chirac le renouveau de la pensée du Général, parfois occulté par l'affairisme des années Pompidou. À noter que je n'étais pas membre de l'UDR. Mais, en décembre 1976, je pris ma carte du RPR, le nouveau parti que Chirac venait de créer pour prendre Paris d'assaut. Lui-même, d'ailleurs, ne m'avait rien demandé. J'avais adhéré par enthousiasme – vous savez, monsieur le Président, cet enthousiasme que vous avez si bien su tuer. Enthousiasme partagé par tous ceux qui, rue de Lille, constituèrent le premier noyau dur du nouveau parti. Pompidou, c'était la continuité. Chirac, c'était le renouveau dans la tradition.

« On ne touche pas à Laumond » : le mot d'ordre, qui fit surface dans ces mois de fièvre, marquait mon adoubement, et je commençai à me faire de nombreux amis.

Rue de Lille se trouvaient les bureaux – avec, au dernier étage, pour Chirac, un lieu de délassement où défilaient ses sympathisantes : leur foi militante s'accomodait de l'absence de galanterie du hussard, que je voyais régulièrement redescendre, mal fagoté et, signe déterminant, les chaussettes vrillées.

Quai Anatole-France, en revanche, étaient les

têtes pensantes : Marie-France Garaud, l'égérie – et un peu plus – du jeune Chirac, et Pierre Juillet, l'éminence grise. À ce cercle très restreint appartenaient bien sûr Jérôme Monod – revenu récemment conseiller le Président à l'Élysée – et Charles Pasqua.

Chaque élection devint une bataille. Les légionnaires de Chirac, en ces temps-là, avaient faim. Et le Patron, Corrézien dans l'âme, quoique né dans la capitale, avait l'ambition d'un Rastignac. Paris, à nous deux !

Giscard, en imposant à la capitale un nouveau statut, pensait tout naturellement que son candidat, Michel d'Ornano, l'emporterait. Mais bien que le bedonnant maire de Deauville eût compté des maréchaux dans ses ancêtres, il n'en avait pas la pugnacité. Chirac, d'abord indécis, se porta candidat : « Si tu gagnes Paris, avait prédit Pasqua, tu gagneras la France. » Briguer Paris, c'était, à distance, engager le fer contre Giscard pour la présidentielle de 1981.

Mais le parti sortait tout juste des limbes, et nous n'avions que trois mois pour en faire la machine de guerre qui renverrait d'Ornano dans sa station balnéaire. Cent jours pour une victoire.

Pendant ces cent jours, nous avons sillonné Paris dans tous les sens. Par tous les temps – et l'hiver était rude. Pas une rue, pas un marché, pas un immeuble qui nous fût encore étranger. Je dormais tout habillé, épuisé mais toujours prêt à repartir.

Chirac était impressionnant de vitalité. Tout le monde sait qu'il est une bête de campagne électorale. Il fumait trois paquets de cigarettes par jour, mangeait comme quatre, carburait au champagne, dormait peu, et épuisait son monde. Champion de la poignée de main et de la bise aux concierges.

Il m'inculqua l'ABC de la politique : « Laumond, mangez un morceau dès que vous avez cinq minutes, et pissez avant de partir. On ne sait jamais. »

Bernadette tenta de se mettre à l'unisson. Xavière Tiberi (elle et son mari étaient depuis longtemps implantés dans la capitale) lui donna des cours : comment faire les marchés, serrer des mains, embrasser les marmots, se montrer polie, souriante. Xavière décoinça Bernadette. L'élue de Corrèze doit sa carrière à la femme du maire du

V^e^ arrondissement. Crime impardonnable, d'avoir rendu tant de services...

De là sans doute les humiliations récentes que Bernadette a infligées à Xavière. Refuser de lui serrer la main lors de l'inauguration de la statue du Général, au bas des Champs-Élysées ! Chirac, bouder ostensiblement Tiberi !

Et perdre Paris, si chèrement conquis.

Chirac, qui s'inspire tant de Mitterrand, aurait pu se rappeler que le Président à la rose a toujours su rester fidèle à un petit cénacle d'amis choisis de longue date – des gens qui n'avaient rien à lui demander, pas même son absolution lorsqu'ils faisaient dans le délit d'initié.

Le jour du scrutin, le 20 mars 1977, ma voiture, qui avait tenu bon durant toute la campagne, souffla enfin et rendit l'âme. Et Jérôme Monod dut me prêter la sienne pour amener Chirac sur les plateaux de télévision.

Le soir même de l'élection, le préfet qui jusqu'alors régissait la capitale abandonna le fameux appartement de fonction de l'Hôtel de Ville – ces mille mètres carrés qui ont tant alimenté la verve et la curiosité des gazettes. Les

Chirac s'y installèrent, et Denise Esnous, fidèle d'entre les fidèles, prit en main le secrétariat particulier du maire.

Un temps, je restai rattaché au secrétariat général du gouvernement. Mais, dès l'année suivante, j'intégrai à mon tour le personnel municipal.

Pour fêter son élection, Chirac, qui se rappelait les fastes du 30 mai 1968, décida de remonter les Champs-Élysées pour ranimer la flamme du Soldat inconnu. C'était, symboliquement, une manière de prendre possession de la capitale. Une occasion de bouleverser les habitudes, aussi.

Et, surtout, d'imposer aux esprits son statut de présidentiable. L'Auvergnat de l'Élysée, qui avait soutenu de tout son poids la candidature de D'Ornano, crut en crever de dépit. Son échec l'affaiblissait. À l'Hôtel de Ville, à portée de canon, il y avait désormais un Corrézien vindicatif qui, ce jour-là, s'était fait roi.

Le chauffeur du président du Conseil général, qui pensait avoir des prérogatives, m'annonça froidement qu'il conduirait le nouveau maire.

J'hésitais à me heurter de front à un organigramme opaque. Chirac, au matin du grand jour, lut mon embarras sur ma figure (il faut dire que je faisais tout ce qu'il fallait pour qu'il soit lisible). « Un problème, Laumond ? » Je lui expliquai brièvement la situation, et il trancha aussitôt : « Pas question. Vous avez fait toute la campagne avec moi. Vous m'emmenez à l'Étoile. »

Le chauffeur du Conseil général me confia, de mauvaise grâce, les clés de sa 604 VGE – sobriquet dont nous avions baptisé, entre nous, les Peugeot imposées par Giscard à ses ministres.

Brave 604 ! Moi qui, sentimentalement, préférais les Citroën (et surtout l'admirable CX), je remerciai le constructeur au Lion pour la solidité de son matériel : la foule prit d'assaut la voiture de son maire, et j'eus toutes les peines du monde à nous dégager sans écraser trop de pieds. Je rendis au Conseil général un véhicule défiguré, martelé comme s'il était passé sous une averse de grêlons majuscules. Et, dès le lendemain, je revins aux CX.

La dernière était immatriculée 19 FLX 75. 19, clin d'œil à la Corrèze. Cette voiture, c'était ma chair, mon sang, et c'était aussi le Patron. Un jour de Mardi gras, nous nous sommes retrouvés boulevard Saint-Germain, au milieu d'étudiants qui lançaient des œufs et de la farine sur les véhicules. Ma voiture était déjà complètement maculée quand un type a voulu prendre une photo. Chirac derrière une dégoulinade d'œufs, Chirac dans la farine, quel bon cliché ! Comme il allait bien se vendre ! Calmement, j'ai foncé sur le bonhomme. Oh, sans intention de le blesser ! Mais je lui ai fait juste assez peur pour qu'il détale sans demander son reste. Et Chirac, ravi, s'est écrié : « Bravo, Laumond ! »

Cette voiture l'a mené jusqu'à l'Élysée. Déjà, les « jeunistes » de son entourage l'encourageaient à se montrer dans un véhicule plus « moderne ». Chirac m'appuyait : « Laissez, il veut ça », tranchait-il.

C'était le bon temps…

## 6

## Un jour où je n'étais pas au volant...

On suggéra alors à Chirac, juste après son élection, d'avoir deux chauffeurs, pour ménager les susceptibilités : j'assurerais les voyages officiels, et ma doublure le tout-venant. Chirac, consulté, fit semblant de me demander mon avis : « Vous, Laumond, qu'est-ce que vous en pensez ? » Je savais bien ce que lui en pensait : il ne voulait pas jongler entre deux ou trois têtes différentes ; il voulait un chauffeur, toujours le même, et doué d'ubiquité, si possible quelqu'un qui le déchargeât des « détails ».

– On continue sans rien changer, Monsieur, répondis-je.

Maire de Paris, Chirac restait député de Corrèze. Une ou deux fois par mois, il prenait le train à la gare d'Austerlitz et descendait à Limoges ou à Brive, selon les caprices de la météo et l'enneigement des routes. Là, un chauffeur de la préfecture l'attendait et restait avec lui tout au long de son séjour – un week-end, en général.

Le 26 novembre 1978, au matin, il devait aller à Eygurande poser la première pierre d'un bâtiment construit pour la Fondation Claude Pompidou, qu'il gérait alors avec l'efficacité que l'on sait. Une petite neige précoce s'était additionnée aux plaques de verglas. Le chauffeur vint prendre le Grand à Bity, et emprunta la nationale 89. Au virage dit « de l'Empereur », apercevant une plaque de verglas, il voulut rétrograder : la voiture, une CX semi-automatique, se trouva un instant en roue libre, tourna gracieusement sur elle-même et finit sa course contre un arbre.

Elle l'avait heurté par l'avant gauche. Chirac, assis comme d'ordinaire à l'arrière, à droite, encaissa toute la force du coup. Il avait les jambes croisées au moment de l'impact, et il se retrouva projeté sur le siège avant. Sa hanche se brisa net, dans une fracture ouverte du col du fémur.

Un passant alerta les pompiers d'Ussel tandis que l'officier de sécurité, à peine contusionné, aidait Chirac à s'allonger, vaille que vaille, sur la banquette.

L'histoire vira au tragi-comique : l'ambulance était trop petite pour les 1,92 m de Chirac ; ses pieds dépassaient, on ne pouvait pas fermer la porte. On dut faire venir un autre véhicule de Limoges, qui arriva au bout d'une éternité. Entre-temps, un Mystère 20 du GLAM avait décollé de Villacoublay.

L'accident avait eu lieu dans le milieu de la matinée. Le soir tombait quand l'avion revint de Limoges. J'étais là, avec Bernadette, morte d'inquiétude, et quelques proches. Les ambulanciers, malgré la meilleure volonté du monde, ne pouvaient faire autrement que d'arracher un cri de douleur au blessé à chaque manœuvre du brancard. Nous nous regardions, pétrifiés, sursautant à chaque gémissement, tandis qu'un crépuscule glauque tombait sur le tarmac. Un médecin, enfin, suggéra de lui injecter une dose de morphine. Bernadette, livide, donna son accord. Et, quelques minutes plus tard, le blessé sombrait enfin dans une douce léthargie. L'ambulance démarra pour Cochin, et je suivis.

Tout l'hôpital était en état d'alerte. Le brancard traversa le hall et les couloirs entre deux haies de visages tendus, parfois bouleversés. Les portes du bloc se refermèrent derrière lui et nous renvoyèrent, Bernadette et moi, à notre attente et à nos angoisses.

Sur ce, Claude arriva. Elle avait dix-huit ans, mais quand sa mère lui expliqua que son père était au bloc, elle s'évanouit – à peine si j'eus le temps de la prendre dans mes bras. Un médecin dut la réanimer. Nous sommes restés assis sur une banquette, serrés tous les trois les uns contre les autres. Le chef de cabinet de l'Hôtel de Ville, Michel Boutinard Rouelle, était là lui aussi, et quelques autres proches qui vinrent, au fil de notre attente, offrir leur soutien à la famille.

À intervalles réguliers, le professeur Pottel entrebâillait la porte du bloc et, avec un sourire qui se voulait rassurant, lançait : « Ça s'annonce bien », « Tout se passe très bien », « Aucun problème », avant de disparaître derrière le battant.

Chirac quitta la table d'opération à minuit et demi. Rassurés par les pronostics des chirurgiens, nous rentrâmes à l'Hôtel de Ville.

C'est à peine si j'avais somnolé : le lendemain à neuf heures, j'étais à Cochin. Dans le couloir, le chef de cabinet me lança :

– Il vient de se réveiller ! Allez lui dire bonjour, ça lui fera plaisir.

Je poussai la porte avec une certaine appréhension.

– Comment ça va, Laumond ? claironna la voix familière.

Il était en pleine forme. Nous avons discuté quelques minutes. Déjà les bouquets de fleurs s'entassaient dans sa chambre – des fleurs d'hiver, belles et sans odeur.

Comme je m'étonnais auprès d'une infirmière de cette forme insolente, elle hocha la tête :

– C'est demain qu'il va commencer à souffrir.

La prédiction était malheureusement exacte. Le lendemain, les douleurs reprirent. Outre la fracture, le Patron avait été atteint à la colonne vertébrale – deux fêlures sur des vertèbres, de petites choses horriblement gênantes qui l'obligèrent pendant des temps et des temps à porter un corset.

Mais le plus dramatique, c'était son état psychologique. Comme il n'arrivait pas à bouger sa jambe, il s'imaginait qu'il resterait à moitié paralysé, qu'il ne serait plus jamais un homme au plein sens du terme, et que sa carrière politique était fichue – par ordre d'importance. Il fallut toute la force de persuasion des spécialistes convoqués à son chevet pour le convaincre que ses douleurs étaient normales, rassurantes même, et qu'il fallait en passer par là avant d'espérer une amélioration.

Chirac a toujours adoré manger. Mais là, plus question de tête de veau, ni des mets délicats de l'Hôtel de Ville : Bernadette, en mère inquiète qui cherche un réconfort dans les petits détails, lui fit manger des épinards, et encore des épinards, à tous les repas. « Tiens, voilà les épinards de Popeye ! » plaisantions-nous en voyant le chariot avancer dans le couloir.

Les épinards et sa blessure l'avaient mis d'assez méchante humeur : pour un homme d'action, l'immobilité forcée est le pire des châtiments. Alors, pour épancher ce trop-plein d'énergie, pour oublier les épinards de Bernadette, et les infirmières toujours prévenantes mais jamais assez accortes, il lança le fameux « appel de Cochin » qui sonnait comme une déclaration de guerre à Giscard.

Trois semaines plus tard, il quitta l'hôpital pour la clinique de Menucourt, dans les Yvelines, un centre de rééducation où il resta deux mois. Je le voyais chaque jour : plus que jamais chargé de régler les « détails », je lui amenais quotidiennement Bernadette, des cigarettes, des livres d'espionnage, les dossiers urgents préparés par son secrétariat.

Le jour de son départ, je le trouvai debout, habillé, avec son corset sous sa chemise, qui lui donnait un volume nouveau. Il se tourna vers moi :

– Monsieur Laumond, c'est maintenant qu'on va savoir si vous savez conduire.

Le « monsieur Laumond », qu'il n'employait jamais que dans des circonstances très solennelles, me fit comprendre tout le poids de ma charge : s'il me préférait aux ambulanciers, c'est qu'il attendait plus de moi que de ces professionnels. Peut-être entrait-il dans cette préférence – qui ne s'est plus jamais démentie – une part de superstition : il pouvait se dire, après tout, qu'il avait eu cet accident parce que ce n'était pas moi qui conduisais ce jour-là.

J'eus la confirmation de cette intuition lorsque, quelques mois plus tard, après les cantonales de 1979, Bernadette et Jacques me convoquèrent à l'Hôtel de Ville, dans leur appartement.

Je dis « Bernadette et Jacques » parce que, pour la première fois, il m'apparut de manière aveuglante que l'épouse prenait toutes les décisions vitales – qu'elle réglait tous les détails avant d'envoyer son poulain au combat. C'est d'ailleurs elle qui prit la parole :

– Monsieur Laumond, nous désirions vous voir pour parler d'avenir, commença-t-elle. S'il arrivait à nouveau quoi que ce soit de grave à mon mari, il ne pourrait jamais devenir président de la République. En conséquence, nous aimerions que, dorénavant, vous puissiez l'accompagner dans tous ses déplacements. Non seulement à Paris, mais aussi en Corrèze, et partout où ses fonctions l'appelleront. Nous aimerions que vous soyez son unique chauffeur, partout et tout le temps.

Elle avait débité son petit discours d'une traite. Comme si elle l'avait répété – c'est un défaut dont elle n'est jamais arrivée à se départir, particulièrement dans les campagnes électorales. Je jetai un coup d'œil au Patron, sidéré de son regard d'épagneul breton qui semblait implorer : « Surtout, ne me la contrariez pas ! » C'était un numéro qu'ils faisaient à mon bénéfice, et que je les ai vus répéter à maintes occasions. Mais, pour théâtrale qu'elle fût, la situation résumait bien le rapport de forces qui s'était établi entre eux. Ce sont de bons acteurs, qui tirent leur jeu de leurs personnalités respectives.

– Puis-je réserver ma réponse jusqu'à demain ?

J'avais déjà choisi, mais j'avais un peu envie de les taquiner. Bernadette ne s'en laissa pas conter :

– Non, monsieur Laumond. Tout de suite.

Je souris.

– Oui. Bien sûr.

Alors Bernadette se tourna, triomphante, vers son mari :

– Je vous l'avais bien dit qu'il accepterait !

Je redescendis l'escalier, satisfait, gonflé de ma nouvelle importance, et ruminant en même temps cette information précieuse : Chirac ne visait rien de moins que la présidence. Mon embauche était le point de départ d'une longue campagne.

## 7

## Une campagne pour Bernadette

Le début de 1979, juste après sa sortie de clinique, fut pour Chirac une période relativement calme. Afin de lui éviter les déplacements inutiles, puisqu'il portait toujours son corset, on lui avait aménagé un bureau directement dans son appartement – quelques mètres carrés pris sans difficulté aux dix ares du logement de fonction. Il passa là un nombre incalculable d'heures à remercier, par écrit, toutes les personnes qui lui avaient souhaité un prompt rétablissement – une grande partie de mon travail, désormais, consistait à porter des messages aux quatre coins de Paris – et, sans doute en même temps, à comploter la chute de Giscard.

Mais si 1979 fut pour lui une année de répit, de remise en forme avant la longue campagne présidentielle, il n'en alla pas de même pour Bernadette.

Le 2 décembre 1978, le docteur Bénassy s'éteignait, et le poste de conseiller général du canton de Corrèze était à pourvoir en mars.

Henri Bénassy (« le bon docteur Bénassy », disaient ses administrés) était un patriarche du département. Né à Paris, comme Chirac, et de souche corrézienne, comme lui, il était arrivé à Corrèze pendant la guerre pour y ouvrir un cabinet médical. Pendant quarante ans, il avait sillonné la contrée, n'épargnant ni son temps ni sa peine pour soigner les plus humbles au fond des cantons les plus reculés. Il était devenu une figure emblématique, au point qu'Igor Barrère avait réalisé en 1963, pour l'ORTF, un documentaire intitulé *Le Médecin de campagne* – référence et hommage au roman de Balzac, dont le héros s'appelle justement Bénassis. Vingt ans après sa mort, sa mémoire se perpétue, puisque non seulement sa rue porte son nom, mais aussi l'hôpital et le Centre de transfusion de Tulle.

Sa disparition fut un choc et provoqua un vide que les divers édiles du canton se proposèrent tous de combler. On en appela donc à Chirac pour trancher entre tous ces petits barons corréziens. Les querelles intestines devaient se régler « en famille ».

Comment en désigner un, en étant sûr de déplaire à tous les autres ?

Nous dînions tous les trois dans la salle à manger de Bity, quand le Grand lâcha tout à trac :

– Eh bien, puisque c'est ainsi, vous irez, vous, Bernadette.

– Mais Jacques, vous n'y pensez pas !

– Taratata ! Vous vous débrouillerez très bien. On vous épaulera. Et je vous prêterai Laumond.

Comme je l'ai dit, Bernadette, c'est l'intendance, mais Jacques fait de la politique. Dès le lendemain, à une réunion d'élus qui se regardaient en chiens de faïence en attendant que le député Chirac tranche, il lança :

– Ma femme se présente.

Rumeurs diverses – le temps de faire le deuil de leurs ambitions. Puis l'assemblée, d'un même élan, affirma que c'était très bien ainsi, bonne idée, candidate idéale…

Et c'est ainsi que je devins, pour six semaines, le chauffeur de la candidate Bernadette Chirac.

Pour les besoins de la campagne, nous nous installâmes au château de Bity, tous les deux – ou plutôt tous les trois, car Mme de Courcel n'allait pas rater une si belle occasion de se divertir. Elle suivait les péripéties électorales et républicaines avec l'œil amusé de la grande dame tolérante qui voit sa fille s'encanailler.

Je fus curieusement impliqué dans leur stratégie. Nous étions à conspirer dans la cuisine de Bity quand Bernadette lança, soucieuse :

– Le problème, c'est que dans toutes ces réunions électorales, partout où nous nous arrêtons, il faut infailliblement trinquer. Je ne le supporterai pas.

– Ma fille ne supporte pas l'alcool, avait sobrement commenté Mme de Courcel.

Et de décider, péremptoire :

– Mais... c'est très simple. Vous boirez à sa place, monsieur Laumond.

Ainsi dit, ainsi fait. Pendant ces six semaines de campagne, elle fut la tête, et je fus le foie.

La « corvée » me rendait particulièrement euphorique. Jamais la Corrèze ne fut si belle que cette année-là, à mes yeux – à ceci près que je peinais à ramener Bernadette en un seul morceau, le soir, au château, tant ma vue se brouillait. Elle prit d'ailleurs le volant plusieurs fois, pendant que son chauffeur, en rupture d'équilibre, menaçait de s'affaler à chaque instant sur une Mme de Courcel hilare.

Cette répartition des tâches eut pour conséquence l'accroissement, directement proportionnel à mes capacités d'ingestion, de ma popularité en Corrèze. Au bout d'un mois et demi, Laumond, déjà connu en tant que chauffeur de Chirac, s'était fait apprécier pour lui-même. C'est ainsi que Bernadette, qui n'oublie rien de ce qui risquerait de lui porter tort, a pu, quand j'ai épousé Armelle Bénassy, échafauder une hypothèse paranoïaque sur la réalité des liens amicaux que j'avais tissés en Corrèze.

Pendant ces six semaines de campagne, mes hypothèses sur le fonctionnement de ce couple « de raison » se précisèrent. À Paris, Bernadette s'effaçait en public derrière son grand escogriffe. Mais à Bity, libérée du poids des regards, elle devenait un « monsieur » à part entière. Chirac ne pouvait se passer d'elle. Dix fois, cent fois dans la même journée, il pouvait demander : « Où est Bernadette ? » Comme un petit enfant réclame sa mère. Dix fois par jour, il lui téléphonait. À propos de tout et de rien. Qu'avait-elle mangé, l'avait-elle bien digéré... Qu'a-t-elle fait, que va-t-elle faire ? Pour entendre sa voix – comme un enfant consent à se rendormir quand sa mère l'a assuré que tout allait bien.

À Paris, Bernadette se pliait aux sollicitations sempiternelles de son bébé. Mais à Bity, « chez elle », elle ne se gênait pas et refusait souvent de le prendre au téléphone.

Lorsque Claude est arrivée dans la vie politique de son père, avec sa jeune bande de glorieux imbéciles, elle a renvoyé sa mère au rayon des ustensiles « ringards », comme ils disent. Pas chébran, la mémé. Mais, ce faisant, elle a brisé la distribution des rôles. Elle a frustré sa mère et l'a cantonnée dans l'ombre. Elle a empaillé son père, brusquement coupé de sa tutrice.

Si Bernadette était tombée amoureuse de Bity au premier coup d'œil, elle fut plus longue à apprécier les gens des environs. « Tous des paysans », lançait-elle souvent. Il fallut que sa mère lui fasse comprendre tout le poids d'un enracinement local et provincial dans la vie politique française. Qu'elle ne pouvait pas rêver, sans cela, d'une carrière nationale pour son mari. Que les voix glanées ici feraient des petits dans tout le pays.

Et Bernadette se coula, lentement, dans le rôle.

Elle s'y coula si bien, au fil des ans, qu'elle tient désormais comme à la prunelle de ses yeux à ce coin de Corrèze qui l'a constamment réélue – même si son capital de voix s'effrite à chaque élection. De quoi maudire l'ingratitude des « paysans » qu'elle a tant choyés. Ce ne sont pas les personnes âgées de tous les cantons de France qui ont l'occasion d'aller au Lido, à Paris, aux frais de la princesse, ou tout comme. Mais la conseillère générale s'adresse alors à la femme du maire de Paris pour bénéficier de tarifs préférentiels.

Sans compter le nombre sidérant de Corréziens embauchés par la Ville de Paris (au point qu'il a fallu créer à la mairie une « cellule corrézienne »), qui sont venus s'ajouter aux Auvergnats de Giscard et aux Corses de Pasqua-Tiberi. C'est ce que sans doute on apprend à l'ENA : pour diriger la France moderne, ne pas hésiter à s'appuyer sur la force médiévale des « clans ».

Mme Chirac a d'ailleurs poussé un peu loin le détournement du passé à des fins électoralistes. En 1991, elle s'est procuré une copie de l'émission d'Igor Barrère et l'a passée en boucle à un public choisi de vieilles personnes influençables, qui se rappelaient le bon docteur, mais n'avaient pas très bien saisi pourquoi Bernadette était son héritière. Incidemment, la veuve du docteur Bénassy a obtenu qu'elle ne soit plus autorisée à se servir de ce document émouvant lors de ses prochaines campagnes.

Bernadette s'est beaucoup occupée des Corréziens, et pas mal de sa propre gloire. Elle a ainsi imposé aux constructeurs de l'A89, l'autoroute qui passe par Ussel et Brive, l'installation d'une aire de repos avec accès direct au musée du Septennat, récemment inauguré à Sarran. Tant pis pour les magnifiques alignements d'arbres qui ombrageaient la petite route initiale.

Ce musée est plus qu'une obsession. Il participe de cette volonté d'imiter en tout, partout, les hauts faits mitterrandiens. Bernadette s'est souciée de son élaboration au lendemain, pour ainsi dire, de l'élection de son mari. Tandis que

Claude s'activait déjà à le faire réélire, Bernadette élevait son monument.

Pendant un sommet de chefs d'État à Paris, Bernadette est arrivée à arracher Hillary Clinton aux fastes de la République et à lui faire visiter son cher canton corrézien. Pour l'occasion, elle a fait refaire à neuf les toilettes de l'aéroport de Limoges – on ne sait jamais. Et abattre d'autres arbres encore – qui gênaient l'entrée de Corrèze et pouvaient entraver les manœuvres des limousines blindées de la *First Lady*. Trop, c'est trop. À l'arrivée des deux femmes, un capitaine de gendarmerie a articulé distinctement : « Voilà Mme Chirac qui fait visiter sa réserve d'Indiens… »

Au moment où j'écris ces lignes, je constate qu'elle est parvenue à faire de Sarran une ville-étape du Tour de France. Et qu'elle y accueille les coureurs et les journalistes en treillis militaire – de chez un bon faiseur. Précisant en direct, pour qui n'aurait pas capté le message, qu'elle sait se défendre.

Et attaquer aussi, non ?

# 8

# Chirac-bis

J'étais devenu l'ombre de Chirac. Jusqu'à ce qu'on lui ôte sa broche, en 1983, je calquais mon comportement sur le sien : je dormais quand il dormait, je mangeais sur le pouce quand il se restaurait, j'étais de tous les déplacements, de tous les meetings, de toutes les rencontres.

Certains chauffeurs finirent d'ailleurs par me jalouser. Aucun d'eux n'avait, avec la personnalité qu'il conduisait, le degré d'intimité qui me liait au Grand.

J'avais perfectionné ma technique en prenant des cours de conduite sur neige, sur glace – et en participant à des stages antiterroristes. Un moniteur m'avait mis d'emblée face à mes responsabilités : « Un patron, ça se négocie. Un politique, ça se tue. » Il m'a appris qu'on ne doit pas s'arrêter quand on croise une voiture accidentée, des corps couverts de sang – mais accélérer, tout en prévenant les autorités idoines avec son téléphone de voiture. On doit aussi se méfier des landaus – éventuels porteurs de bombes ou de mitraillettes. Se méfier de tout.

J'ai apporté ma pierre à la sécurité en faisant adopter un double rétroviseur, qui renseigne en même temps le chauffeur et l'officier de sécurité sur ce qui se passe derrière.

Jalousé, peut-être. Mais pendant la grande vague d'attentats de 1986, aucun chauffeur n'a proposé de me remplacer...

J'avais toujours fait les petites courses. À partir de cette période, je fis toutes les courses – personnelles, s'entend. Je devins, comme on dit, le factotum.

Chirac avait remarqué dans un magazine une publicité pour une housse à vêtements, très pratique pour une personnalité qui passe sa vie en déplacement. Il m'envoya au magasin concessionnaire de la marque. « Désolée, s'excusa la vendeuse. Pour l'instant, le produit en question n'est commercialisé qu'aux États-Unis. »

D'ordinaire, quand j'achetais quelque chose pour le Grand, j'omettais de donner son nom – par discrétion, par souci de sécurité aussi. Et le fait de tout payer en liquide était bien pratique. On me remettait invariablement des « Pascal » avec lesquels je réglais les « détails ». Je ne crois pas d'ailleurs avoir vu un jour de petits billets, ou de monnaie, dans les mains de Chirac ou de sa femme. La politique est, avec le monde des gangsters, le seul « milieu » où l'on se promène un rouleau de grosses coupures en poche.

Mais tant pis pour l'anonymat : pour cette fois, sachant à quel point le Patron semblait tenir à cette housse, je me réclamai du maire de Paris. La commerçante, fine mouche, répondit aussitôt que si c'était pour M. Chirac, ça changeait tout. Elle pouvait nous la faire venir spécialement…

Mais le Patron, une fois mis au courant, s'inquiéta pour sa bourse, en bon Corrézien qu'il est – quand bien même l'argent ne lui aurait rien coûté :

– Ouais… À combien ça va me revenir, cette histoire ?

Je retournai au magasin trois jours plus tard,

pour m'enquérir du prix. Surprise, la housse était déjà là.

– Nous l'avons fait venir par Concorde, m'expliqua la gérante.

J'avais fini par acquérir les mêmes réflexes que le Patron – quand bien même l'argent ne me coûtait pas plus. Je me suis exclamé :

– *Par Concorde* ? Et à combien ça va nous revenir, cette histoire ?

– À rien, dit la gérante. Notre P-DG a pris la décision de vous l'offrir.

Et ce fut le commerçant qui fit encore la meilleure affaire. Chirac aimait montrer ses nouveaux hochets. Il exhibait ses acquisitions avec une ostentation enfantine. Dans les semaines suivantes, il demanda, partout où il se rendait : « Vous avez vu ma nouvelle housse ? » « Charles, tu as vu ma nouvelle housse ? » Je ne sais si Pasqua en acheta une, mais j'appris que, dans les trois mois qui avaient suivi, bien des membres du RPR avaient acquis ce même modèle. Par commodité ou par snobisme.

Chirac connaissait personnellement la femme de Gregory Peck, une ancienne journaliste de

*Paris-Match* qu'il aimait revoir. Chaque fois que le couple Peck venait en France, il me dépêchait à l'aéroport avec un officier de sécurité pour les accueillir, comme des personnalités officielles. Durant leur séjour – ils descendaient invariablement au *Ritz* –, je leur donnais un chauffeur de confiance, mais c'était moi qui les reconduisais à Roissy le jour de leur départ. Le Patron ne manquait jamais de leur accorder une ou plusieurs de ses soirées : il aimait leur faire découvrir les meilleurs restaurants de Paris. Cependant, une année où les Peck étaient venus passer les fêtes de fin d'année en France, Jacques et Bernadette Chirac durent partir à l'étranger. Les Peck voulaient aller en Normandie : je les conduisis à Deauville, à l'hôtel *Normandy*, et restai quelques jours avec eux, à leur disposition. Mme Peck, en bonne ex-journaliste, aimait me faire parler politique. Quant à son mari, il me donnait du *mister* Laumond avec un accent inimitable, et m'invita à plusieurs reprises à venir chez eux, si jamais je me rendais en Amérique...

Il ne faut jamais prendre au mot les personnalités qui se laissent aller à de telles propositions. Mais j'ai pu rêver de débarquer un jour chez l'homme qui avait joué dans *Duel au soleil* – l'un des westerns dont Chirac se délectait.

Jacques et Bernadette étaient absents : entre les déplacements officiels et les escapades officieuses, les Chirac ont toujours beaucoup bougé.

La Brigade financière m'a convoqué à la mi-juillet 2001 pour m'interroger sur les enveloppes que j'avais pu transporter. L'affaire des voyages de la famille Chirac – plus de cinq millions de francs, et encore, en ne prenant en compte que la dernière décennie – agitait la presse.

Je n'ai jamais reçu, personnellement, d'argent de Jacques Chirac – ou tout juste de quoi acheter un tube de dentifrice. La plupart du temps, les courses que je faisais pour lui étaient réglées par facture, à la mairie – et savoir avec quel argent n'entrait pas dans mes compétences. Pour ce qui est des voyages, Marianne Hibon, la responsable du secrétariat de l'Hôtel de Ville (contrôlé par Maurice Ulrich, le directeur de cabinet – le même à qui le Grand avait donné l'ordre de transférer en 1988 les fonds spéciaux de Matignon à la mairie), m'appelait : « Il faut apporter ça tout de suite, disait-elle en me tendant une enveloppe plus ou moins dodue. M. Foulatière vous attend. » Maurice Foulatière était le gérant de l'agence de voyages Gondard, à Neuilly. Nous nous entendions bien et, si les identités portées sur les billets étaient souvent fantaisistes, tout son personnel savait pour qui je travaillais. D'autant que, très souvent, j'ai été accueilli par un directeur d'agence qui m'annonçait : « M. Chirac vient justement de me téléphoner... » C'étaient bien des précautions et des vérifications pour de simples enveloppes.

Quant à savoir d'où provenait l'argent contenu dans lesdites enveloppes... Il circulait énormément de liquide à la mairie. À la cagnotte des fonds spéciaux, qui ne pouvait pas être éternelle, s'ajoutaient les fonds propres de la questure, les souscriptions des militants et, comme pour tous les partis, des ressources plus ou moins occultes. J'ai répété au juge Halphen, lorsqu'il m'a convoqué à mon tour en juin dernier, que je connaissais Jean-Claude Méry, comme tout le monde à l'Hôtel de Ville. « Je sais des tas de choses, m'a confié en substance le juge, mais j'ai besoin de quelqu'un qui parle. » Je sais ce que j'ai fait, mais je ne sais pas ce que l'on m'a fait faire.

# 9

# Tours de chauffe

Chirac était encore convalescent quand il se lança dans la campagne des premières élections européennes. Ce fut la moins trépidante des élections que j'ai passées avec lui. L'enjeu, au fond, c'était de compter ses forces face aux giscardiens d'un côté, à la gauche du Programme commun de l'autre.

Le seul problème, c'était que Chirac était très loin d'avoir récupéré sa mobilité et son énergie. Pasqua déploya donc des trésors d'ingéniosité, de meeting en meeting, pour lui épargner les déplacements inutiles, les attentes exténuantes, les bains de foule compresseurs. Il fallait que les gens voient le Chirac qu'ils connaissaient, pour lequel ils venaient – mais de loin.

Ainsi, lors d'une réunion à l'*Intercontinental*, à côté de la place de la Concorde, pour éviter au Patron d'avoir à emprunter l'escalier d'honneur et de suivre ensuite l'interminable couloir qui menait à la salle de conférences, nous fîmes passer la CX par le monte-charge de l'hôtel, qui débouchait justement à l'arrière de la salle en question. La voiture n'y rentra qu'avec un chausse-pied, au prix de quelques manœuvres délicates, mais Chirac put apparaître à son public sans le moindre signe d'essoufflement.

Le 10 juin 1979, le Patron, tête de liste, fut élu député et le resta pendant un an, un an d'allers-retours incessants entre Paris et Strasbourg, avant de laisser sa place, au nom du principe du tourniquet, qu'il avait instauré, à un autre membre du Parti.

Chirac mobilisait alors son énergie sur la présidentielle à venir : il fut soulagé de ne plus avoir à se rendre en Alsace.

À un détail près : les soirées Marius.

Nous allions à l'Assemblée européenne pour pointer – et recevoir une indemnité confortable. Puis pour boire et nous amuser. Chirac retrouvait invariablement dans l'un des bons restaurants de la ville, en particulier *Chez Yvonne* (un nom prédestiné pour des gaullistes), une joyeuse bande de députés rigolards, Charles Pasqua, Michel Debré et Maurice Druon en tête, et une députée européenne tout aussi enjouée et joueuse, Nicole Chouraqui. J'étais à une table voisine, avec les officiers de sécurité, et nous arrosions notre choucroute de larmes de rire.

On n'attendait pas de Debré une verdeur d'esprit aussi remarquable. On n'attendait pas de Druon, bientôt secrétaire perpétuel de l'Académie française, de tels dons d'imitation. En revanche, Pasqua fournissait, avec son talent ordinaire, des « pagnolades » qui se terminaient invariablement en crises de rire. Et Nicole Chouraqui donnait tout ce que l'on pouvait attendre d'elle.

Nous nous rendions à Strasbourg le plus souvent en avion, pour éviter la fatigue des déplacements. Et en train, pour aller en Corrèze.

En politique, tout est dans le soin des détails – ces fameux « détails » dont j'avais la gestion. Ainsi, un chauffeur de remplacement conduisait le Patron à la gare d'Austerlitz, le temps pour moi de rallier Brive en voiture. Je laissais le véhicule à la gare et j'empruntais là une voiture de location, ou un modèle d'usine obligeamment prêté par Citroën – et, dans tous les cas, immatriculée en 19. Il eût été du dernier mauvais goût que le député de Corrèze sillonnât les routes de son département avec un véhicule immatriculé 75 : ça, c'était bon pour le maire de Paris.

J'ai d'excellents souvenirs de ces séjours en Corrèze. Chirac n'était pas le même qu'à Paris. C'était le pays de son adolescence, quand il venait passer ses vacances dans la maison de campagne de ses parents, à Sainte-Fereole, la circonscription qui l'avait constamment réélu, depuis 1966. Oui, « toujours au cul des vaches » : c'est un terrien – et nous avions nos centres de ravitaillement, *Le Central*, à Tulle, ou d'autres gargotes adorables, à Ussel ou Meymac, où nous soignions de concert notre popularité.

On m'a raconté, il y a quelques années, la légende d'Antée qui reprenait des forces dès qu'il touchait la terre. Chirac est ainsi : nous faisions parfois plus de cinq cents kilomètres en un week-end, courant d'un apéritif à un banquet, d'une remise de décoration à la pose d'une première pierre, et je ramenais à Paris un Chirac ragaillardi, comme on dit à Brive...

C'était au temps où Chirac ne s'en remettait à personne pour gagner des voix, estimant qu'une voix n'était jamais gagnée tout à fait, qu'une promesse de vote n'était pas un vote. Ce Chirac-là se souciait peu des sondages, qu'ils viennent des RG ou des instituts spécialisés.

Lors d'une petite fête qu'il donnait à Bity, un dimanche d'élection, pour ses partisans les plus fidèles, un vieux monsieur fendit la foule pour lui serrer la main : « Vous savez, monsieur Chirac, je vote pour vous depuis toujours ! » En saluant, il avait soulevé son chapeau, et, avant qu'il se le revisse sur la tête, Chirac avait eu le temps d'apercevoir, coincé dans le galon intérieur, un bulletin de vote à son nom. Le fidèle électeur avait dû glisser un autre bulletin dans l'urne. Et le vote Chirac lui servait juste à ajuster son galurin.

Le Patron ne fit aucun commentaire. Mais, la réception terminée, il nous raconta l'histoire, en riant, et conclut : « Vous voyez, une élection n'est jamais gagnée d'avance. Les gens vous applaudissent, mais rien ne dit qu'ils voteront pour vous. Il faut se battre jusqu'au bout. »

## 10

## Présidentielle, première

La droite avait remporté les élections législatives de 1978. Giscard avait fait de la toute neuve UDF une machine électorale moins rodée que le RPR, mais crédible, et il se croyait assuré de sa réélection. La gauche du Programme commun semblait encore loin du succès. Mitterrand serait-il encore une fois renvoyé à ses vies de familles ?

Les relations Chirac-Giscard étaient glaciales, mais elles étaient maintenues. Pour mieux embobiner le Président, pensais-je. Mais les mésententes cordiales obligent parfois à des compromis privés. À plusieurs reprises, entre 1976 et 1981, je conduisis discrètement le Grand à l'Élysée, pour des rencontres secrètes avec Giscard. Chaque fois, nous passions par la rue de Marigny, plus discrète que la rue du Faubourg-Saint-Honoré, où des journalistes ont pris l'habitude de planquer à toute heure, au cas où.

Et j'apercevais les deux meilleurs ennemis du monde, arpentant le parc, d'humeur apparemment enjouée.

Quand j'accompagnai Chirac chez Jean de Lipowski, pour une rencontre plus que secrète avec Mitterrand, je compris mieux la partie de poker menteur qui se jouait. D'évidence, Chirac allait mener campagne contre Giscard. Les indiscrétions très bien orchestrées sur les affaires de diamants, relayées avec bonne foi dans l'opinion publique par *Le Canard enchaîné* et Thierry le Luron, grand ami des Chirac, n'étaient pas un épiphénomène : c'était un plan à court terme (éviction de Giscard, élection de Mitterrand) et à long terme (Mitterrand laissant gracieusement la place à Chirac au terme d'un mandat supposé unique).

Mais quand on dîne chez le diable...

Vers le début de la campagne, Chirac (escorté de l'inévitable Pasqua) et Giscard se retrouvèrent ensemble au Bourget, chacun partant vers un meeting de province. Notre commandant de bord, prié de brûler la politesse au grand chauve, objecta : « Giscard est président en titre, il a la priorité. » Pasqua fit jouer quelques amitiés parmi les contrôleurs aériens, qui arguèrent de quelque prétexte sulfureux pour faire décoller Chirac le premier. Pasqua, visiblement réjoui de sa bonne blague, se frottait les mains : « Tu vois, Jacques, premier un jour, premier toujours. La campagne commence bien. »

Chirac ne ménageait pas sa peine. J'ai déjà dit qu'il est une bête de campagne. J'avais transformé la banquette arrière en salon-bureau-chambre à coucher, et, quand il ne travaillait pas, pendant les déplacements, il récupérait – très vite.

Mais nous avons senti assez vite que la mayonnaise ne prenait pas. Pasqua résuma la situation : il fallait continuer, tout en sachant que Chirac ne serait pas présent au second tour. Cette campagne, c'était le tour de chauffe de 1988.

Officiellement, Chirac appela à tout faire pour battre la gauche « socialo-communiste ». Officieusement, les colleurs d'affiches du RPR donnaient un coup de main à ceux de Mitterrand.

Pasqua, maître du double langage, s'épanouissait dans ce double jeu. La réélection de Giscard, expliquait-il, c'était la mainmise définitive de l'UDF sur tous les postes clés, et le renvoi du RPR à une marginalité confuse. C'était un secret de Polichinelle que Giscard tenterait avec les gaullistes ce que Mitterrand allait réussir avec les communistes : les utiliser, puis les réduire comme peau de chagrin, jusqu'à ce qu'ils ne soient plus que des alliés forcément dociles.

Pasqua régla, de la poche du parti, la dernière facture de campagne de Mitterrand – un million de francs.

On jouait d'autant mieux la carte Mitterrand que Chirac était persuadé, et tout son état-major avec lui, que la gauche, au mieux, ne se maintiendrait au pouvoir que deux ou trois ans. Même Pasqua n'avait pas vu venir la triomphale invention du Front national, qui permit au fin stratège installé à l'Élysée d'éclater les voix de droite, d'agiter l'épouvantail Le Pen en direction du centre mou, et de rafler la mise.

Non : le RPR, dans toutes les discussions privées de la banquette arrière, croyait que la gauche, éloignée des affaires depuis 1958, ne se maintiendrait guère mieux qu'en 1936. Et je les entendais tirer des plans sur la comète : grandes grèves, émeutes, dilapidation des deniers de l'État, banqueroute et renvoi des socialistes, conspués par une nation qui n'avait jamais été de gauche que pour se défaire du diamantaire de l'Élysée... Belote, rebelote et dix de der.

Avec le recul...

Chirac se remit donc très bien de son échec programmé. Il se réinvestit immédiatement dans sa ville, point de départ, d'après lui, des conquêtes futures, et il fut réélu triomphalement en 1983, en remportant les vingt arrondissements. Un grand chelem qu'il réédita en 1989 – là encore pour compenser sa déception de la présidentielle, bien plus forte qu'en 1981.

Cette même année 1983, durant l'été, les chirurgiens le débarrassèrent de la plaque qui renforçait sa hanche depuis son accident. Du coup, je fus autorisé à ne plus l'accompagner dans tous ses déplacements. Mais je gardais une valise prête, le Patron pouvant à tout instant me faire repartir sur les grands chemins, comme Don Quichotte rameutant Sancho pour une nouvelle croisade.

Ma valise avait le même code que la sienne (0500), code que j'avais choisi et qu'il s'était empressé d'oublier, comme il oubliait régulièrement jusqu'à son numéro de chambre. C'est ainsi qu'un soir, dans un hôtel où j'avais – bêtement – réservé ma chambre au même étage que lui, il me prit à part, juste avant d'aller nous coucher.

– Laumond, ça ne vous ferait rien de déménager vos affaires dans ma chambre et de mettre les miennes dans la vôtre ?

– Quelque chose qui ne va pas, Monsieur ? Je vous assure que la vôtre est plus confortable...

– Ça ne fait rien, ça ne fait rien, c'est un... service que je vous demande...

Et je compris alors que cette tête de linotte, toujours inattentive aux chiffres, avait confondu le numéro de sa chambre avec celui de la mienne, et ne voulait pas prendre le risque que je voie débarquer à l'heure du crime une créature quelconque à laquelle il avait donné rendez-vous.

Depuis, j'ai toujours soigneusement réservé une chambre à un étage différent.

Et, toujours dans le souci de lui épargner la gestion du « détail » quotidien, j'ai appris par cœur le code d'entrée de nombre d'immeubles parisiens, officiels ou confidentiels.

Chauffeur de jour, portier de nuit…

## 11

## Le repos du guerrier

Lorsque cette fin août 1997, la princesse Diana et Dodi El Fayed eurent ce terrible accident sous le tunnel de l'Alma, l'événement était assez grave pour prévenir le Président, malgré l'heure ultra-matinale.

On alerta donc l'Élysée. Mais l'Élysée fit la sourde oreille, et Bernadette, toute seule, se rendit à l'hôpital, à sept heures du matin, pour se recueillir devant la dépouille de la princesse.

De son mari, point de nouvelles. Très prudemment d'ailleurs, la « première dame » se garda bien de me faire appeler : elle n'ignorait point que j'aurais été capable d'aller le chercher là où il avait passé la nuit, et où il n'aurait pas été bon que la presse, sur les dents depuis la veille au soir, se rendît avec moi.

On a dit et redit que Chirac était un homme à femmes – et il l'a laissé dire, puisqu'en France on ne risque pas les déluges d'hypocrisie qu'a dû essuyer Clinton, pour quelques stagiaires de plus. L'opinion estime (et pourquoi aurait-elle tort ?) qu'il sied bien à un gaulliste d'être parfois gaulois.

Chirac est un chasseur de cœurs plus ou moins solitaires : la présence du mari, d'ailleurs, ne le gêne guère. Recevant il y a peu le président syrien (on peut ne plus être le chauffeur officiel, mais garder le contact avec quelques oreilles amies), il est tombé sous le charme de sa jeune épouse et, sans crainte des janissaires coupeurs de bourses, il a passé le dîner officiel à la lécher des yeux, en l'appelant par son prénom et en la cajolant de toutes les manières.

Pour Chirac, le troisième âge se porte vert. Alors, pensez à ce que j'ai vécu durant les vingt-cinq ans de sa montée vers la gloire, quand il devait chaque jour, chaque soir, au plus vite, épancher son trop-plein d'énergie, son excès d'humeur badine et conquérante.

L'un des officiers de sécurité qui escorta longtemps Chirac était un Corse de Porto-Vecchio, beau gosse et dragueur à tous crins. Il n'avait pas à son actif la fascination que suscite le pouvoir, mais il compensait ce handicap par un physique réellement avantageux d'homme d'action au mieux de sa forme.

Nous étions en villégiature. Chirac et son rival supposé avaient tous deux repéré une petite jeunesse, qui rosissait – mais sans excès de pudeur – sous les œillades. Concurrence loyale, mais inadmissible. Chirac alla vers le second de ses officiers de sécurité et, d'un ton qui se voulait badin, avertit : « Dites à votre collègue de ne pas chasser sur mes terres ! »

C'était dans l'une de ces îles bénies des dieux où, le soir, le Grand se faisait monter moult punchs créoles dans sa chambre – « pour égayer la soirée... ».

Lors d'un voyage en province, à la fin de la manifestation, deux journalistes femmes cherchaient un moyen de rentrer au chef-lieu du département. Chirac trancha : « Vous, dit-il à la plus accorte, vous montez avec moi. Et vous, lança-t-il à la seconde, moins spectaculaire, prenez la voiture du préfet ! »

Bernadette, émue des horaires échevelés de son mari, me demandait sans cesse : « Mais enfin, monsieur Laumond, où est mon mari ce soir ? Où le conduisez-vous ? » Je fis part au Patron de l'insistance de son épouse pour connaître le détail de son emploi du temps. « Eh bien, trancha-t-il, lorsque nous irons quai Anatole-France ou dans le secteur, vous rangerez la voiture dans le sous-sol de l'Assemblée nationale. Le téléphone ne passe pas : nous aurons donc beau jeu de prétendre que nous étions en séance de nuit. Et ça nous laissera le temps d'aviser. »

Bernadette ne désarma pas pour autant. « Mais enfin, monsieur Laumond... » Pouvais-je, en toute conscience, lui expliquer qu'un prédateur est fait pour chasser ? Une solution élégante fut trouvée par Jean-Eudes Rabut, alors chef de cabinet, qui affréta des minibus pour faire visiter les arrondissements de Paris. Chirac prétendait mieux évaluer ainsi les problèmes concrets des Parisiens – et cela lui permettait d'embarquer avec lui, outre les journalistes invités, telle ou telle des « élues » du moment, prises en charge par le prévenant Bernard Niquet, celui-là même qui est devenu après 1995 le plus proche collaborateur de

Bernadette Chirac, au grand désespoir de Bernard Bled qui pensait avoir mieux mérité de la reine-mère. Qu'elle ait choisi pour la seconder au plus près l'entremetteur passé des frasques du Grand m'a ouvert les yeux sur la façon dont elle contrôlait en fait, à distance, les excès de son candidat : bienveillante pour les passades, dangereuse pour les liaisons.

Mais chat échaudé... Combien de fois, arrivant seul dans la cour de l'Élysée, après avoir déposé le Patron ici ou là, je l'ai vue, guettant à la fenêtre, me héler comme une concierge napolitaine : « Et mon mari, monsieur Laumond, où est-il ? »

Un matin où je devais, très tôt, conduire le Patron au Bourget, Mme Chirac me dit : « Attention aux valises ! Je me suis levée ce matin à cinq heures pour repasser moi-même ses chemises – il n'y a que moi qui sache le faire –, n'allez pas me les froisser ! » Et de pousser la sollicitude jusqu'à m'accompagner pour surveiller le chargement des précieuses valises dans le coffre.

Nous arrivâmes au Bourget. Chirac, toujours pressé, ouvrit lui-même le coffre, voulut se saisir de la première valise : « Attention, Monsieur, vos chemises repassées y sont soigneusement rangées, et Mme Chirac m'a demandé de veiller tout spécialement sur elles. » Il éclata de rire, prit l'une des valises, me chargea de l'autre et lança un « On s'en fout, Laumond, on part ! » d'une bonne humeur suspecte. En montant dans l'avion avec l'officier de sécurité, je compris soudain : Mme F*** était là, toute souriante, et nous allions vers le soleil, à quelques heures de Paris, dans un Éden sans chemises ni cravates.

Quand nous partions au bout du monde, j'étais chargé d'acheter un certain nombre de cadeaux identiques – nombre variable, mais toujours supérieur à deux. Et le même collier était offert à plusieurs femmes – un peu comme une décoration, ou une médaille commémorative. Un jour, l'une des favorites fut oubliée : scandale et menace de scène. Chirac pria une hôtesse de l'air, qu'il croisait parfois rue de Lille, de lui rapporter de toute urgence un collier d'une île du bout du monde où elle faisait escale, et où il ne pouvait retourner dans l'immédiat.

C'est peut-être pour cela qu'il aime les îles, verts paradis de l'amour libre, rêves d'un Éden retrouvé. D'où son humeur maussade, lorsqu'il est obligé de passer ses vacances à Brégançon – « Trois semaines de forteresse », titrait cet été un certain hebdomadaire satirique… En mai 2000, sa conseillère en communication favorite et exclusive, sa fille Claude, lui imposa un séjour dans les murailles varoises, le temps de jouer à l'art d'être grand-père, pour le plus grand plaisir du magazine *Paris-Match* – et au prix de l'impatience mal contenue de l'impétrant.

On a dit, paraît-il, de Goethe qu'il avait quatre types de maîtresses : le tout-venant, étreintes anonymes dans les auberges ; les femmes célèbres, celles au bras desquelles il fait bon être vu, ou qu'on se flatte d'avoir couchées sur sa liste ; les muses, avec lesquelles le sexuel, quand il existe, est moins important que l'intellectuel ; et les passions enfin, sans lesquelles un poète ne saurait souffrir, donc exister.

Chirac a eu, jusqu'à l'écœurement, les militantes du parti, les secrétaires de l'organisation, toutes celles avec lesquelles il passait cinq minutes affairées au sixième étage du 123, rue de Lille, redescendant l'œil vif et les chaussettes tirebouchonnées. Je me suis toujours demandé s'il prenait le temps de renfourner, comme il en avait toujours l'habitude, sa chemise dans son slip. Une plaisanterie courait parmi le personnel féminin de la rue de Lille : « Chirac ? Trois minutes, douche comprise ! »

Il a connu, comme on dit dans la Bible, des actrices, italiennes ou autres, des journalistes, dont certaines ont fait d'intéressantes carrières, car l'homme a la reconnaissance du ventre. Bref, des femmes dont il est flatteur d'être dit l'amant, puisqu'elles font l'envie du petit peuple.

Avec Marie-France Garaud, il a eu la Muse définitive, celle qui vous propulse vers la gloire, celle pour laquelle on se transcende. Une relation à la fois maternelle et amoureuse.

Et quelques passions, raisonnablement destructrices, qui ont bien failli désorienter sa carrière.

Heureusement, Bernadette veillait.

L'érotisme et la mort, dit-on, sont liés. Elle, elle a choisi la mort. Sa carrière sensuelle s'est arrêtée à la production de ses enfants. Inutile de lui prêter des aventures avec tel ou tel des sbires dont elle avait affecté son mari : pourquoi vouloir du mal à ces pauvres gens ?

Elle n'est intervenue, à ma connaissance, que trois fois dans les aventures extraconjugales de son héros. Deux fois au moins, elle a tué.

Qui se rappelle telle ministre, « jeune louve » au profil délicat ? Elle eut pour le Grand une passion aveugle, menaçante. On se chargea de prévenir son mari, de lui fournir des pièces à conviction, d'étayer le dossier de sa procédure de divorce afin qu'il obtienne une séparation « aux torts », et la garde de ses enfants.

Mais qui ne se souvient de cette conseillère de Paris, mère de famille nombreuse, fine et racée ? « Vous me prenez pour une conne ! » lança devant moi Bernadette à un Jacques Chirac dépassé. « Vous ne serez jamais président si je ne suis pas avec vous ! » Je compris ce jour-là que les choses étaient allées très loin – jusqu'aux marches du divorce.

Et puis il y a eu celles qui ont résisté. Ainsi, le chef avait jeté son dévolu sur une secrétaire qui trouva intelligent de rester fidèle à son mari. Elle fut harcelée, traitée de « dingue », selon le mot maison, et acculée à la démission.

Enfin, dans ce domaine aussi, transparaît l'obsession mitterrandienne. Chirac rageait en entendant tout ce que l'on racontait sur les conquêtes de l'homme à la rose. Je l'ai entendu demander un nombre incalculable de fois : « Et celle-là, il l'a eue aussi ? » quêtant tous les ragots pour tenter d'égaler, de surpasser le record de son prédécesseur, quitte à mettre ses pas dans les siens, plaisir suprême et suprême pensée.

## 12

## Matignon, seconde époque

Chirac et Pasqua s'étaient trompés : la gauche durait. Mais la montée inexorable du chômage convainquit les Français d'essayer à nouveau la droite aux élections législatives de 1986. C'est ainsi que s'ouvrit, pour la première fois dans l'histoire de la Ve République, une ère de cohabitation.

Les giscardiens, qui avaient pensé laminer le RPR, ne pesaient plus bien lourd. C'est donc naturellement Chirac que Mitterrand appela à Matignon.

Cette fois, il ne me demanda pas mon avis. Nous vivions, comme les vieux couples, sur une entente tacite : il allait, je suivais. J'étais déjà chauffeur du maire de Paris, du député de la Corrèze et du président du RPR. À toutes ces cartes je pourrais désormais joindre celle de chauffeur du Premier ministre.

La cohabitation, je la vécus aussi à mon humble niveau. Lors du premier Conseil des ministres, je remarquai que Pierre Tourlier, le chauffeur de Mitterrand, arborait l'emblème du PS – la rose au poing – à sa boutonnière.

– Je croyais que le Président était président de tous les Français, blaguai-je. Et pas seulement d'une fraction partisane.

Puis, prenant à témoin les journalistes qui attendaient avec nous dans la cour de l'Élysée, j'ajoutai :

– Attendez la semaine prochaine...

Et le mercredi suivant, j'arborais à mon veston la croix de Lorraine.

Cette passe d'armes n'eut pas de suites. Tourlier et moi devînmes, sinon les meilleurs amis du monde, du moins des complices – jusqu'à ce que son goût pour la notoriété et le Tout-Paris l'entraîne dans des directions qui ne sont pas les miennes. Nous nous tutoyions, nous prenions le café ensemble en attendant nos éminences respectives – ce métier est fait de pas mal de temps morts, qu'il serait dommage de ne pas mettre à profit pour s'instruire. Cependant jamais il n'a attaqué le Premier ministre, ni moi le Président. Là-bas, là-haut, c'était la guerre ; mais nous vivions, nous, en hommes civilisés.

Chirac, d'ailleurs, respectait réellement Mitterrand. Jusqu'à m'emprunter un jour ma ceinture, parce qu'il avait oublié d'en passer une : « Laumond, enfin, je ne peux pas me présenter sans ceinture devant le Président ! »

Chirac résidait toujours à l'Hôtel de Ville : il y avait là, dans son appartement de fonction, de quoi caser dix fois le ridicule logement des Premiers ministres de Matignon. Il ne s'en est jamais servi que pour de courtes siestes... Si bien que nous ne cessions de traverser Paris : Hôtel de Ville-Matignon, Matignon-l'Élysée, l'Élysée-l'Assemblée nationale, etc. Et, quand je ne conduisais pas le Patron, c'était sa femme ou ses filles.

C'est dans ce contexte de déplacements constants que, six mois après le début de la cohabitation, commença la grande vague d'attentats qui ensanglanta Paris. Charles Pasqua (dont j'ai su, par la suite, qu'il avait demandé à voir mon dossier

– et avait apprécié mes états de service irréprochables) me faisait une entière confiance. Il renonça à me faire remplacer par quelque cador de l'antiterrorisme, comme on le lui avait suggéré. Je roulais donc, avec en permanence la conscience que je pouvais être tué. Sans y prêter plus d'attention que ça : y penser trop clairement diminue les réflexes.

– Laumond, me lança un jour le Patron, vous méritez le Mérite national.

– Quand je partirai, Monsieur...

Il promit et, ma foi, tint sa promesse : j'eus donc la consolation paradoxale d'être sacqué sans avoir démérité.

La campagne de 1988 fut la plus dure de toutes celles que j'ai vécues avec Chirac. En 1995, il aurait l'avantage d'être l'outsider – contre Balladur, que tous donnaient gagnant. Mais, en 1988, il luttait contre un vieillard fatigué mais pugnace, qui eut l'habileté de ne pas déclarer sa candidature pendant des mois, attendant le bon moment, le bon rapport de forces. Et Chirac, pendant ce temps, s'épuisait à diriger le pays et à lutter contre un ennemi qui refusait de dire son nom. Il retarda autant qu'il put sa déclaration de candidature – courant janvier. Mitterrand se décida au début de mars.

Ce fut une campagne à l'arraché.

Durant deux mois, nous n'avons cessé de sillonner la France en tous sens. Chaque jour, nous passions en moyenne deux heures dans un avion ou un hélicoptère. Sur chaque tarmac, une voiture nous attendait, et je reprenais la route. À ce train d'enfer, je finis par me perdre : un beau matin, en me réveillant dans l'hôtel d'une petite ville du Sud-Ouest, je descendis, hagard, à la réception, pour tâcher de savoir où j'étais. Il faut dire que nous descendions le plus souvent dans des *Sofitel*, dont la décoration, d'une région à l'autre, est quasi identique.

Encore une fois, le Grand bluffa tout le monde par son endurance. Il était maire de Paris, Premier ministre et candidat en campagne. Trois têtes sous le même bonnet. Chacun d'eux fumait vingt cigarettes par vingt-quatre heures – trois paquets par jour. J'avais arrêté de fumer en 1977, mais ce n'était pas le moment de lui suggérer une cure. Si bien que le coffre de la voiture était plein de cartouches et que je gardais en permanence un paquet sur moi.

Qui aurait pu prévoir l'issue du scrutin ? Qui aurait pu imaginer qu'une « génération Mitterrand », constituée de jeunes gens qui n'avaient même pas connu de Gaulle ni Mai 68, allait voter pour un homme âgé de soixante-douze ans ? D'autant que nous avions l'impression d'avoir le vent en poupe.

Ainsi, un jour, à Dinan, nous devions partir immédiatement en Corrèze. Mais le brouillard bloquait l'aéroport de Dinard. Le Grand se tourna vers moi :

– Laumond, on va faire le trajet en voiture. J'en profiterai pour dormir sur la banquette.

Je ne me rappelais plus la dernière fois où j'avais moi-même dormi.

– Si vous voulez, Monsieur, ai-je répliqué. Et moi, je dormirai aussi, de mon côté. Au volant. Comme ça, on se tuera, et tout sera dit. Je suis désolé, mais je refuse de vous faire courir un tel risque.

Il n'a pas insisté. Mais, pendant qu'il tenait son meeting, le vent s'est levé, le brouillard s'est dissipé, l'avion s'est envolé.

C'est la pierre de touche du métier : savoir dire non. À plusieurs reprises, j'ai encouru les foudres du chef de cabinet, voire de l'officier de sécurité, parce que je voulais (ou ne voulais pas) opérer de telle ou telle manière. Cela se terminait invariablement par la même réflexion désabusée de Chirac : « Laissez faire Laumond... »

Roger Romani voulut ainsi m'apprendre un jour comment rejoindre, par le plus court chemin, un restaurant situé près de l'École militaire, où nous devions déjeuner.

– Prenez par là, et puis par là...

Je me suis arrêté, carrément.

– Si vous voulez prendre le volant, Monsieur...

Chirac, hilare, me donna encore une fois raison.

– N'allez pas me l'énerver... Il est calme, en ce moment...

Les sondages concordaient et prédisaient l'élection de Mitterrand. Chirac, malgré tout, voulait y croire. Pasqua, d'ailleurs, qui savait à quel point on peut se fier aux sondages, ne cessait, comme il disait, de « donner de l'avoine à son poulain ».

J'ai eu l'occasion d'apprécier, de près, comment fonctionnait Mitterrand – avec quelle « force tranquille » il allait vers la victoire. C'était un homme attentif à tout. Un jour, il sortit avec Chirac de l'Élysée et tous deux se rendirent à pied, en discutant, jusqu'à l'hôtel Marigny tout proche. Je les suivis, avec l'officier de sécurité. Au passage, Mitterrand me salua discrètement de la tête : il savait qui j'étais, il me le faisait savoir. L'espace d'un instant, j'avais l'impression d'être une vieille connaissance, alors que je n'étais que le modeste employé de base de son adversaire. C'était purement magique. Combien en ai-je connus qui déblatéraient sur son compte, assis sur la banquette arrière – le bureau des pleurs, comme je l'appelle –, mais qui, du jour où ils avaient été reçus par Mitterrand, ressortaient conquis, séduits, proprement roulés dans la farine.

Les rapports de Mitterrand avec Chirac évoquaient irrésistiblement ceux du maître avec son élève. Ce ne fut jamais plus manifeste que le jour du fameux duel télévisé entre les deux hommes. J'y assistai, dans une pièce de Matignon, et l'avis unanime de tous ceux qui étaient présents fut que Mitterrand avait gagné haut la main.

Ce débat me donna l'idée d'organiser, sinon une revanche, du moins une parodie. Et je proposai à Tourlier un duel à armes égales, qui eut lieu au restaurant *Chez Françoise*, à l'aérogare des Invalides.

Je m'étais ouvert du projet à Denis Baudouin, directeur général de la communication à Matignon, qui m'avait donné son aval. Peu après la soirée, fort animée et fort plaisante, qui s'était déroulée en présence de nombreux journalistes nous bombardant de flashs pour faire encore plus vrai, je racontai l'aventure au Patron et à sa femme.

Bernadette protesta avec véhémence. Mais Chirac me donna une tape sur l'épaule et dit doucement, comme à son habitude :

– Ce n'est rien, Laumond. C'était une très bonne idée.

Autant le Patron avait bien récupéré de son échec à la présidentielle de 1981, autant celui de 1988 fut dur à avaler. Chirac avait foncé comme un fou vers cette lumière, au bout du tunnel, que lui faisait miroiter son entourage. « C'est plié », ne cessait de lui seriner Pasqua, qui avait fini par se persuader lui-même que les sondages des RG avaient tout faux.

On sait ce qu'il advint : Mitterrand fut réélu dans un fauteuil, avec 54 % des voix. Mieux qu'en 1981. Il n'y avait même pas photo. Plus qu'un échec, c'était une déroute. Denis Baudouin me confia qu'il avait vu le Patron, immobile, dans le parc de Matignon, la larme à l'œil. Défait. Accablé (comme avait dû l'être Mitterrand en 1965 ou en 1974) par l'idée que les Français ne l'aimaient décidément pas.

L'image qui me reste du Chirac de cette défaite, c'est celle d'un homme mal rasé, errant en survêtement défraîchi, d'un bout de la journée à l'autre, comme le malade en permission de sortie d'un hôpital psychiatrique pour dépressifs chroniques.

La passation des pouvoirs, avec Michel Rocard, se fit à l'amiable. Les deux hommes se tutoient, ils se sont connus à l'ENA, et ils s'estiment. Mais, quand il s'engouffra dans la voiture, je vis le visage de Chirac se décomposer littéralement. Abattu. Chagrin. Frustré. Tendu d'une colère intérieure qui n'arrivait pas à s'exprimer. Tandis que je m'éloignais de Matignon, je me demandais s'il n'avait pas l'impression, en même temps, de s'éloigner définitivement des allées du pouvoir.

## 13

## Les années de plomb

Cette même année 1988 vit la mort d'Edgar Faure. L'ancien président du Conseil, la « girouette [1] » qui pourtant avait toujours été de notre bord, même s'il avait pactisé avec bien des ennemis, m'était éminemment sympathique. C'était, comme Mitterrand, l'un de ces hommes formés dans les universités de droit d'avant-guerre, habile à mettre tout le monde dans sa poche.

Chirac et lui s'étaient souvent rencontrés. Une fois, notamment, les deux hommes s'étaient trouvés dans le Limousin en même temps, et notre voiture leur avait servi de salon particulier pour

1. « Ce n'est pas la girouette qui tourne, c'est le vent », écrit-il dans ses *Mémoires*.

une conversation intime, le temps d'un trajet entre Bort-les-Orgues, en Corrèze, et l'aéroport de Clermont-Ferrand.

Edgar Faure n'aimait pas les banquettes arrière, et il s'était assis à l'avant, à moitié tourné vers Chirac, à moitié vers moi. En fait de conversation, ce fut quasiment un monologue : c'était ainsi qu'il concevait les échanges de vues. Un bavard inépuisable, doté d'un bagout de bateleur. Si Pasqua jouait à Pagnol, Edgar Faure était Daudet : l'accent rocailleux lui aussi, le charme en plus.

Nous arrivions. Il se tourna tout à fait vers moi.

– Dites-moi, Laumond... Vous permettez que je vous appelle Laumond, moi aussi ?

– J'en serai honoré, Monsieur.

– Eh bien, figurez-vous une chose : je n'ai pas vu le temps passer. Bravo !

« Moi non plus, ai-je pensé. Moi non plus, je n'ai pas vu le temps passer. »

Sauf à miser sur un décès brutal du Président (mais qui osait encore penser, après cette campagne, que la momie de l'Élysée serait un jour mortelle ?), un long tunnel de calme s'étendait devant nous.

Le Patron se replia sur ses deux fiefs, la Corrèze et Paris. Dans les deux cas, sa popularité était assez grande (il allait être réélu triomphalement en 1989 dans la capitale) pour qu'il puisse se permettre des escapades. Commença alors la longue série des voyages au Japon. Il se japonisa si totalement qu'il fit même établir à Tokyo un bureau de la mairie de Paris, avec personnel détaché et tout le nécessaire à demeure. C'étaient des voyages absolument privés, entourés d'un luxe de précautions qui n'a eu d'égal que celui dont Mitterrand s'entourait pour visiter Mazarine, et où je ne l'ai jamais accompagné : j'étais partie prenante de sa vie officielle, non de sa vie privée. Qu'il y ait rencontré les dirigeants d'un grand groupe de presse ou des geishas ne regarde personne. Comme dit la poétesse :

*Le papillon est vieux*
*Mais son âme sur les chrysanthèmes*
*Folâtre*[2].

Chirac avait fini la campagne sur les rotules, mais, surtout, avec la voix cassée par les meetings

2. Enomoto Seifu (trad. G. Renondeau).

et le tabac. Bernadette n'eut pas même à faire pression sur leur médecin de famille pour qu'il suggère au Grand d'arrêter de fumer. Des conseils de guerre se tinrent, pendant plusieurs semaines, sur la meilleure stratégie à adopter pour négocier au mieux le difficile passage à l'abstinence. Finalement, après avoir recueilli tous les avis contradictoires de son entourage, Chirac me demanda comment je m'y étais pris.

– C'est inutile de chercher à se désintoxiquer progressivement, dis-je. Il faut arrêter d'un coup. Et totalement. Et à jamais.

Avec Chirac, c'est souvent le dernier qui a parlé qui a raison. Il ne toucha plus une seule cigarette, d'un jour à l'autre, dès le début de l'année 1989. J'avais encore, à ce moment-là, une bonne vingtaine de cartouches dans le coffre de la voiture. Elles pourraient y être encore : la première tentative fut la bonne.

Mais, du coup, je fus préposé aux pastilles Pulmoll. Il lui en fallait partout, dans la voiture, dans sa sacoche, dans sa chambre d'hôtel. Les pastilles tintaient au fond de mes poches, dans leurs boîtes métalliques. Jusqu'au jour où, de la même manière, il a arrêté. Jamais je n'ai assisté à une désintoxication aux pastilles Pulmoll aussi radicale.

Un souvenir plus ancien, mais qui appartient aussi aux années « Hôtel de Ville ». Yves Mourousi, avec le « Bonjour ! » rauque et tonitruant qu'il lançait au journal de 13 heures, était devenu une figure incontournable de la vie parisienne – en particulier de la vie nocturne. Les Chirac le connaissaient bien. Un soir, après une virée gastronomique bien arrosée, il leur proposa de passer chez lui prendre un dernier verre et de profiter de l'occasion pour découvrir le matériel audiovisuel exceptionnel (pour l'époque) qu'il venait de faire installer : écran de télévision format « cinéma », magnétoscope haute définition, quadriphonie, etc.

Ils montèrent rue de Rivoli. Jacques et Bernadette s'installèrent dans le canapé ou les fauteuils, et Yves, nonchalant, un peu éméché peut-être, brancha le magnétoscope. *Fatalitas !* La cassette laissée dans l'appareil appartenait à un genre mis à l'index par l'archevêché de Paris ! Horriblement gêné, Yves coupa la diffusion du chef-d'œuvre.

– Mais laissez ! Laissez donc ! protestèrent en chœur Jacques et Bernadette.

Et de s'enfoncer plus profondément encore dans le canapé moelleux...

Si moelleux que Bernadette, à qui aucun spectacle n'a jamais fait perdre le sens des réalités, en complimenta Mourousi. Celui-ci, par boutade, lui rétorqua :

– Chère amie, s'ils vous plaisent, je vous les offre – le canapé et les fauteuils...

La soirée s'acheva, peut-être vers deux ou trois heures du matin, et chacun alla se coucher.

À neuf heures le lendemain, Yves entendit confusément, dans son sommeil, le bruit de la sonnette. Lui que Marie-Laure Augry devait parfois tirer de ses songes à 12 h 59, vacilla jusqu'à la porte, ouvrit et se trouva face à deux armoires à glace, deux déménageurs du type costaud, appartenant tous deux au personnel de l'Hôtel de Ville.

– On vient pour le canapé, dit brutalement le plus coriace.

Yves, à moitié endormi, estomaqué, n'osa pas se dédire. Une demi-heure plus tard, le canapé et les fauteuils décoraient l'appartement de fonction du maire de Paris.

Le 12 septembre 1992, Jacques Chirac maria sa fille Claude à Philippe Habert, journaliste au *Figaro*. Le mariage civil eut lieu à la mairie du domicile du marié, celle du IV$^{e}$ arrondissement – à un jet de pierre de l'Hôtel de Ville. Le mariage religieux, lui, fut célébré dans l'église de Sarran, avant de se conclure par une grande réception à Bity. Mais les jeunes mariés, se réclamant du droit à l'intimité, obtinrent de ne pas passer la nuit au château. Ils avaient réservé, dans le plus grand secret, une chambre dans une auberge des environs – peu soucieux d'être pistés par les caméras de télévision. « Personne ne saura où nous sommes, m'avait dit Claude, sauf vous » ; et de me demander de les conduire à leur petit nid d'amour. Philippe Habert avait précisé qu'il souhaitait que j'emporte deux bouteilles de champagne, « une pour notre chambre, et une autre que nous boirons ensemble, à notre arrivée ».

La réception battait son plein quand nous nous éclipsâmes. Et à deux heures du matin, sur le parking de l'auberge, nous débouchâmes la première bouteille – j'avais pris la précaution d'emporter aussi quelques coupes – et trinquâmes au bonheur futur des mariés, à la lumière des étoiles de cet été indien.

J'aimais beaucoup Philippe Habert. Charmant, jeune, avec cette propension à la gaieté qu'ont les vrais tempéraments mélancoliques. Il se suicida, et j'eus à cœur de déposer une rose sur son cercueil. Il est possible que cette mort ait suffisamment désemparé la jeune fille charmante que j'avais connue pour en faire la copie conforme de sa mante religieuse de mère – la vie amoureuse en sus.

## 14

# L'Élysée, première et dernière

Chirac est fait pour un régime ultra-démocratique, où il y aurait des élections tous les ans. La campagne électorale, c'est sa longueur d'onde, son dada, son plaisir. Sa drogue. L'atmosphère fébrile des rendez-vous électoraux convient admirablement à son tempérament d'éternel agité. Il avait eu l'occasion, en Corrèze, de prendre l'apéritif à tel endroit, le plat de résistance à tel autre, le dessert dans un troisième : le système l'avait séduit, et il l'avait généralisé.

L'intendance – moi, en l'occurrence – suivait.

1993 arrivait, et, avec les élections législatives, la possibilité d'imposer une seconde cohabitation à François Mitterrand. Le Patron, qui sans se l'avouer s'ennuyait ferme dans ces interminables creux entre deux consultations, se lança à corps perdu dans la bataille.

Une fois de plus, je pris le pli. Alors que nous nous trouvions à Lille, il décida de rentrer à Paris en train, ce qui lui permettrait de discuter pendant le trajet avec un grand nombre de journalistes. Je l'amenai donc à la gare et repartis en voiture, direction la capitale. Le temps était beau et sec, l'autoroute bien dégagée : j'arrivai à la gare du Nord quelques secondes avant le train.

– On s'en doutait, me dit l'officier de sécurité en m'apercevant sur le quai.

Rien ne m'obligeait à ce genre de performance. Mais, en ce début de campagne, je me devais de montrer au Patron que j'étais avec lui dans la course.

Nous en étions arrivés à cet idéal des vieux couples : nous nous comprenions sans nous parler. Je pouvais interpréter un geste, un signe, un haussement de sourcils. Ainsi, par une belle journée printanière de cette même année 1993, alors que Chirac et son épouse se trouvaient tous deux dans la voiture et que le soleil tapait dur :

– Jacques, gémit Bernadette, il fait trop chaud dans cette voiture.

Manière détournée de me demander de brancher la climatisation. Je jetai un coup d'œil dans le rétro : Chirac ne bronchait pas.

– Écoutez, Jacques, reprit-elle, si vous ne lui demandez pas vous-même, il ne bougera pas. Demandez-lui de mettre la climatisation.

Le Patron me lança un coup d'œil dans le rétroviseur, pour bien me faire comprendre que les vapeurs de Bernadette lui sortaient par les yeux, et en même temps, d'un ton plein de sollicitude à son égard, il me dit :

– Laumond, ne pourriez-vous pas mettre la climatisation ?

– Mais bien sûr, Monsieur. Sans problème.

Je lui rendis son coup d'œil. Nous nous étions parfaitement compris.

Cet ordonnancement bien rodé, une nouvelle égérie vint le bousculer. Cela faisait déjà quelques années que Claude s'agitait dans l'entourage de son père. Elle le conseillait en matière vestimentaire. Elle l'avait persuadé de recevoir Madonna à l'Hôtel de Ville, après son gigantesque concert dans le parc de Sceaux – ce qui lui avait valu l'hommage habituel de la Madone : le don d'une de ses petites culottes. Les sarcasmes de la presse n'annulèrent pas pour autant le message. Chirac recruterait désormais dans la classe biberon.

Claude avait été fascinée par la mobilisation de la jeunesse qu'avait réussie Mitterrand en 1988. L'âge n'était donc pas un handicap pour séduire les marmots, et c'était son père, de seize ans le cadet de « Tonton », qui offrait l'image la plus « ringarde », comme elle aimait à dire.

Dans les premiers temps, par petites touches, elle réussit assez bien son coup : Chirac commença à se faire photographier en tenue décontractée, pull, jean, tennis. C'est elle qui, en mai 2000, arrangea avec *Paris-Match* le reportage de quatre pages organisé à Brégançon sur l'art d'être grand-père, mobilisant son fils pour l'occasion et choisissant avec soin la paire de Nike qui ferait bien sur les photos. Évidemment, c'était une mise en scène plus étudiée que des chaussettes avec des espadrilles.

Claude a conquis tellement de territoire, en peu de temps, que son père a pris le pli de l'appeler, sur le téléphone de la voiture, dès qu'il rentre de l'étranger. Pour lui rendre compte, en détail, des conversations et des décisions. Comme autrefois il appelait son épouse : à tout propos, et pour n'importe quoi.

Derrière mon volant, cela me laissait parfois rêveur : penser qu'une fille sans formation spécifique, et sans talent particulier, dirige la France par personne interposée...

Bernadette, à cette époque, a si bien disparu de la surface de sa conscience qu'il a fini par la gommer complètement – en une occasion au moins. Il remettait la Légion d'honneur à quelques Français méritants. Emportée par hasard dans la file des récipiendaires, Bernadette arriva devant le Président. Chirac, imperturbable, pris dans le mécanisme et les automatismes de la cérémonie, lui serre la main en lui demandant son nom.

– Mais Jacques... Mais c'est moi !

Je n'oublierai jamais son regard interloqué – presque inquiet.

La droite revint aux affaires. Mais cette fois, Chirac, échaudé, refusa tout net d'aller à Matignon. Il n'avait aucune envie de se retrouver, chaque mercredi matin, face à la momie jaunissante de l'Élysée. « C'est la présidence ou rien, maintenant », confia-t-il, dans la voiture, à l'un de ses interlocuteurs.

Et ce fut l'interlocuteur, en l'occurrence Édouard Balladur, qui hérita du portefeuille. Honnêtement, ce qui ressortait des conversations entre les deux hommes, c'est que lui non plus n'était pas très chaud pour aller au charbon. Il savait qu'on pouvait compter sur Mitterrand pour alterner les escarmouches et la guerre de tranchées. Mais il se dévoua.

Je connaissais Balladur de longue date. Il avait été très lié à Pompidou, et Chirac, pour cette raison entre autres, avait pour lui une estime particulière. Mais il avait le tort d'être réservé, dans son apparence, et de ne pas se lier à tout le monde avec cette facilité factice du monde politique, ce qui lui donnait l'air méprisant – aux yeux, au moins, des personnes méprisables.

Il était clairement entendu que sa présence à Matignon ne serait qu'un intermède destiné à faire patienter l'opinion avant le grand coup de balai de la présidentielle et l'accession du Grand à la magistrature suprême.

Mitterrand, officiellement mourant cette fois, avait conservé intactes toutes ses capacités de nuisance. Il s'ingénia à mettre en valeur les qualités d'homme d'État de Balladur – peut-être parce qu'il pensait qu'il ferait, face au candidat socialiste à venir, un adversaire moins redoutable que Chirac, peut-être pour la raison inverse, ou par la seule force de l'habitude de semer la zizanie – chez les autres comme chez les siens. À moins que le cancer qui rongeait ses dernières forces ne lui ait enlevé de sa pugnacité – mais j'en doute. L'occasion, comme on dit, fait le larron : Balladur se dit que, après tout, Matignon n'était pas bien loin de l'Élysée et qu'il avait devant lui une route bien dégagée. Les sondages, habilement sollicités, lui attribuaient une cote de popularité bien faite pour lui donner des ambitions.

Et puis n'y a-t-il pas dans la trahison une jouissance secrète qui est en soi une première récompense ?

Chirac, en revanche, ne cessait de baisser dans ces mêmes sondages. Balladur, son aîné, représentait l'avenir de la droite, tandis qu'il incarnait, lui, le passé gaulliste. Cependant, partout où nous allions, à Paris comme en province, les gens étaient ravis de saluer le Patron. Je pris un jour la liberté de m'en ouvrir à lui.

– Il y a une chose que je ne comprends pas, Monsieur. Vos sondages ne sont pas bons, ils disent que vous baissez dans l'opinion, et pourtant, quelle popularité ! Tout le monde a l'air de bien vous aimer…

– C'est comme ça, Laumond. C'est la vie…

Je le sentais partagé entre le découragement, la frustration, le sentiment que son destin lui glissait entre les doigts – et une envie féroce d'en découdre, de montrer à tous, à commencer par ses « amis », qu'il n'était pas tout à fait mort.

J'étais à cette époque fort sollicité par les journalistes, toujours en quête de ragots. « Alors, ça n'a pas l'air d'aller bien fort, en ce moment ? » À chaque question, je répondais par un splendide sourire de façade. S'il est une époque, dans ces vingt-cinq années au service des Chirac, où j'ai pu jouer ma partition dans le grand concert politique, c'est bien à ce moment-là. J'étais tellement devenu son double – et ça se savait – qu'une seule mine défaitiste aurait entraîné les commentaires les plus désobligeants.

Je voyais tout autour de lui les « amis » s'effacer. Francis Bouygues, qui s'était si fréquemment entretenu avec le Patron dans son véhicule (comme tous les grands entrepreneurs de travaux publics de la capitale et de ses environs – ainsi Jean-Claude Decaux, qui doit au maire de Paris l'essentiel de sa surface financière actuelle), avait visiblement donné des ordres à TF1 pour jouer à fond la carte Balladur. Les seuls, finalement, à avoir donné une image sympathique du Patron furent les Guignols de Canal-Plus, que les efforts de Balladur pour trouver le contact auprès des foules divertissaient fort – ce contact que Chirac, lui, avait naturellement.

Chirac d'ailleurs a eu conscience de mon application, parallèle à la sienne. Un ami journaliste m'a rapporté, plus tard dans la campagne, quand Chirac a commencé à se redresser dans les sondages, qu'en plaisantant devant un parterre d'hommes politiques, il avait lancé : « Il y a trois mois, j'étais tellement bas que seul mon chauffeur me soutenait ! »

Il était parti le premier en campagne, comme un cheval piaffant, bien avant Balladur (gêné après tout par sa fonction de Premier ministre) ou Jospin – qui crut intelligent de se déclarer le plus tard possible, lui aussi, mais avec un talent moindre. Pourtant, la campagne fut bien moins acharnée que celle de 1988. Les adversaires n'avaient pas la même envergure. Jospin, visiblement, faisait un « tour de chauffe » avant 2002 et laissait la droite s'étriper consciencieusement – calcul qui porta les fruits que l'on sait, à Paris et ailleurs. Et Balladur ne savait pas mener une campagne. Il préférait rester dans les palais de la République plutôt que de s'exhiber dans le Palais des sports. La télévision le soutenait mais, quoi qu'on pense de la puissance des médias, rien ne vaut une vraie proximité sur le terrain. C'est toute la différence entre les technocrates et les politiques.

Le plus drôle, à vivre de l'intérieur, ce fut l'évolution des cadres du RPR. Au début, par crainte d'une défaite nouvelle, ils jouèrent la carte Balladur. C'étaient surtout des cadres parisiens du parti. Mais la province, elle, restait fidèle à Chirac : ce fut bien divertissant de les voir faire amende honorable, les uns après les autres, dans les derniers jours de la campagne, et venir expliquer au Patron qu'ils n'étaient pas si traîtres que cela.

On ne dira jamais assez le rôle fondamental de la glacière isotherme dans les campagnes électorales réussies. Je m'en étais procuré une qui tenait aussi bien le chaud que le froid, dans laquelle j'installais des vivres de premier secours, si je puis dire : une barquette d'un plat cuisiné, inspiré des villes-étapes de la campagne, cassoulet à Toulouse ou garbure à Pau, des choses légères et revigorantes, et quelques bières.

Chirac avait renoncé au Dom Pérignon – une noble manie contractée lors de son premier séjour à Matignon – et s'était mis à la bière, de la Tuborg d'abord (il s'en était fait installer un tonneau dans son bureau, pour avoir son demi-pression à volonté), puis, après un voyage au Mexique où on l'avait sans doute initié aux spécialités locales, il m'avait annoncé du ton sans réplique du nouveau converti :

– Laumond, désormais, vous m'achèterez de la Corona.

C'est une bière plus légère, plus digeste. Elle convient admirablement aux organismes en campagne, toujours assoiffés après un long discours, mais qui veulent rester alertes avant le prochain.

Or, un soir de cette campagne de 1995, le Patron tenait meeting à Strasbourg, et je devais le conduire à Metz, où il parlait le lendemain. J'avais donc prévu dans ma glacière ce qu'il fallait de Corona et deux barquettes de choucroute – deux, car il devait faire le trajet avec un responsable local du RPR.

Dès le meeting fini, les voilà qui arrivent, escortés des hommes de la sécurité. Ils montent, je démarre. Chirac, immédiatement, fouille dans la glacière et prend une Corona qu'il siffle en écoutant l'autre l'abreuver de louanges sur son discours : « Formidable, époustouflant, etc. », la gamme ordinaire des superlatifs de campagne. Chirac le laisse dire et tire une première barquette de la glacière – qu'il vide en trois coups de fourchette. L'autre, pendant ce temps, est passé au programme du lendemain. Chirac opine et attaque la seconde barquette, descendue en un tour de main. Il arrête soudain l'ultime fourchetée à mi-chemin de sa bouche et s'avise :

– Mais, mon cher, ce n'est pas votre choucroute, là, que je suis en train de manger ?

– Ça ne fait rien, je vous jure, c'était un vrai plaisir de vous regarder, bafouille le malheureux interlocuteur, emporté à toute vitesse, à travers la nuit d'Alsace-Lorraine, dans la voiture de l'ogre. Et d'ailleurs, ajoute-t-il, ce soir, je n'avais pas très faim.

Un autre instrument indispensable des longues chevauchées solitaires est le coussin – et, éventuellement, la couverture. Chirac faisait ainsi des siestes éclairs, dix minutes par-ci, dix minutes par-là, une technique, m'avait-il dit, rodée lors d'un ancien séjour aux États-Unis. Ainsi, bercé par la suspension moelleuse de la CX, qui même à grande vitesse donne l'impression d'évoluer dans un bain d'huile, il m'annonçait : « Laumond, je me repose » – et je savais que je pouvais me concentrer sur ma conduite, en évitant les coups de volant trop brusques. Cinq cents mètres avant d'atteindre notre destination, je disais, tout haut : « Monsieur, on arrive » – et il se réveillait, frais, dispos, bien peigné, d'attaque.

Ce fut dans les mois les plus durs de cette campagne, quand tous ses anciens ministres et « amis » (par exemple Roussin ou Sarkozy) le trompaient avec Balladur, que Claude acquit auprès de son père le statut de directrice de la communication qu'elle a depuis gardé, un métier pour lequel heureusement il n'est pas requis de diplôme. Comment appelait-on déjà, dans l'ancien temps, cette tendance à embaucher ses proches dans des fonctions officielles, rémunérées par l'État ? Du népotisme, non ? Sauf que ce n'est pas un vague neveu qui bénéficie de la manne présidentielle.

Elle n'eut jamais qu'une idée, qui du coup lui parut bonne, puisqu'elle était unique : rajeunir l'image de son père. Lui interdire, par exemple, de se laisser photographier à Périgueux à côté d'Yves Guéna – « un vieux ringard », dans le langage unidimensionnel de l'experte.

Ce genre de qualificatif me laissait rêveur. Guéna était peut-être un homme du passé pour la petite Claude, mais il restait pour nous un baron du gaullisme, un cacique, comme on dit – et futur président du Conseil constitutionnel. Et je voyais bien que la petite fille du collège Sainte-Marie cherchait par tous les moyens à prouver qu'elle avait grandi.

Le ton monta entre nous. Le Patron, qui faisait campagne sur le thème de la « fracture sociale », avait programmé une visite des cités de Seine-Saint-Denis. Plusieurs journalistes, retenus par Claude pour immortaliser cette incursion chez les « sauvageons », devaient nous accompagner. « Monsieur Laumond, m'avait demandé Claude, il nous faudra trois Espace. » Et j'avais loué les trois Espace, lavées dans le garage de l'Hôtel de Ville.

En les voyant côte à côte dans la cour de la mairie, le sang de Claude ne fit qu'un tour :

– Mais, monsieur Laumond, pourquoi ces voitures sont-elles si rutilantes ? Elles sont beaucoup trop propres pour l'endroit où nous allons !

Je me suis senti rougir. Pas pour moi : pour elle. Pour cette malheureuse qui croyait malséant d'être décent quand on se rend dans des banlieues difficiles. Qui croyait utile d'insulter les « vraies gens » en veillant à leur renvoyer l'image un peu boueuse qu'elle avait d'eux. Je me suis adressé à l'un de mes collaborateurs :

– Va me chercher une masse, rue Lobau.

Et, me retournant vers Claude :

– Je vais vous les cabosser, vos voitures. Ça va faire vraiment prolo, croyez-moi.

Chirac, sur ces entrefaites, descend de son bureau. Et, avisant ma mine décomposée :

– Quelque chose ne va pas, Laumond ?

– Non, non, Monsieur. Juste une discussion sur l'hygiène et l'esthétique.

Nous en sommes restés là, pour cette fois.

Dimanche 7 mai 1995.

Il est 18 h 30.

Je pénètre en voiture sur le tarmac du Bourget. Et je croise les doigts. Avec un peu de chance, ce soir, je conduirai le nouveau président des Français.

Le climat est euphorique. Balladur a été balayé au premier tour. Et les sondages secrets des dernières quarante-huit heures donnent Chirac vainqueur contre Jospin.

Comme à chaque élection, Jacques, Bernadette et Claude sont allés voter à Sarran. Ils ont passé le reste de la journée à Bity. Quelques heures de repos, quelques heures d'angoisse.

L'avion de Limoges doit arriver à 19 heures.

Sur la piste, il y a déjà une bonne quinzaine de motos de presse. Télés et radios françaises, et médias étrangers. L'Europe enfin unie entre chien et loup sur une piste d'aéroport.

Je connais presque tout le monde, et les journalistes me livrent les ultimes sondages de sortie des urnes, qui tous concordent pour donner le Grand vainqueur. D'un institut à l'autre, seul varie l'écart des pourcentages.

Quand l'avion se présente sur la piste, nous savons tous qu'il a à son bord le nouveau Président. Le soleil se couche sur un ciel radieux. Un vrai printemps.

Rien que de l'été en perspective...

Le P-DG d'Euralair, Alexandre Couvelaire, est venu les accueillir. Mitraillés par les photographes, le Patron et son épouse s'engouffrent dans la voiture, avec l'officier de sécurité. Claude monte dans la voiture suiveuse que j'ai fait venir de l'Hôtel de Ville.

Départ sur les chapeaux de roues, immédiatement escortés par la meute des motos. Aussi, sur le tronçon d'autoroute qui relie le Bourget à la capitale, « je fais du film », comme on dit dans le métier : je me place tantôt légèrement à droite, tantôt légèrement à gauche de ma file pour que les cameramen puissent opérer à leur aise. Le Patron, souriant, descend sa vitre et les salue. Mais il a bien peu de temps à leur consacrer : le téléphone de voiture n'arrête pas de sonner. La ronde des courtisans a commencé, et malheur, pensent-ils, à qui sera le dernier à le féliciter.

J'exulte littéralement de joie. Et pour mettre mon grain de sel dans les réjouissances, j'ai l'idée, en arrivant porte d'Asnières, de ne pas filer directement sur l'Hôtel de Ville, mais de prendre par la rue de Miromesnil, qui aboutit sur l'Élysée. En attendant, c'est toujours François Mitterrand qui l'occupe. Alors, doucement sur l'euphorie ! Et, sagement, je prends la rue de Marigny, les Champs, au rond-point Clemenceau, le souterrain qui nous ramène sur les quais rive droite et l'Hôtel de Ville. Nous avons cerclé l'Élysée. Une sorte de repérage symbolique de nos futurs bureaux, de vol de reconnaissance.

– Jean-Claude, me lance Claude en sortant de la voiture suiveuse dans la cour de l'Hôtel de Ville, ce détour, quelle idée géniale !

Le Patron s'est déjà éclipsé dans son bureau avec les membres de son cabinet. Dans les salons attenants, c'est la foule des grands soirs qui font l'Histoire : reporters et officiels de la Chiraquie attendent que la nouvelle officielle tombe des téléviseurs, à 20 heures.

Je suis monté respirer cet extraordinaire climat, chargé d'électricité. Tout le monde s'agite, discute, se congratule. Jean Tiberi passe, visiblement ravi.

Je me projette le film de toutes ces années passées à attendre, au fond, ce simple moment décisif. Un quart de siècle d'un combat qui s'achève ce soir. Pour minuscule qu'elle soit, j'ai ma part dans l'enthousiasme général. Les journalistes d'ailleurs ne s'y trompent pas, qui, faute de mieux, me pressent de questions, guettant un sous-entendu, une confidence. C'est mal connaître ma discrétion. Une tombe, Laumond...

Curieusement, je me sens de plus en plus calme, au fur et à mesure que nous approchons de l'heure fatidique de la proclamation des résultats. Je me répète, sans relâche, que je vais devoir me montrer à la hauteur. Roger Romani, le questeur de l'Hôtel de Ville, s'est approché de moi, totalement hilare, déjà gris : « Dès que les résultats sont proclamés, m'annonce-t-il, je descends sur la place de l'Hôtel de Ville et je m'enfile une bouteille de champagne ! » Grand bien lui fasse. Je n'ai pas même touché à une petite coupe. La soirée ne fait que commencer, et la suite des événements me prouvera à quel point j'avais eu raison de m'imposer cette discipline.

20 h 01 : c'est fait. Chirac est président.

Dans les salons de l'Hôtel de Ville, c'est le carnaval de Rio. Embrassades et hurlements.

Je redescends dans la cour et je m'adosse à ma voiture. Je sais bien que Chirac va vouloir partir avenue d'Iéna, à son QG de campagne, pour partager l'événement avec les militants. Et je fais préparer une voiture suiveuse, au cas probable où Claude voudrait accompagner son père. Un seul officier de sécurité. D'ailleurs, le ministère de l'Intérieur ne nous a pas proposé d'escorte particulière. On en restera donc au dispositif « mairie de Paris ».

À 22 heures, Chirac descend à son tour et s'engouffre dans la voiture avec Bernadette. Claude s'installe comme prévu dans la seconde voiture.

Et le rodéo des motards de presse recommence.

C'est ma « Traversée de Paris » à moi. L'image inaugurale du nouveau septennat. Les cameramen, à l'arrière des motos, se cramponnent à leur caméra, obsédés par l'idée de tout filmer. Je connais quelques-uns d'entre eux depuis plus de vingt ans, et j'ai une certaine appréhension à les voir me frôler à toute allure. Le Patron lui-même, vitre baissée, ne cesse de leur répéter : « Faites attention ! Faites attention ! » Il est crevé, heureux, exténué, mais il pense avant tout à leur sécurité.

Quoique je m'en doute un peu dans l'instant, j'aurai plus tard confirmation que tout est transmis en direct sur les chaînes de télévision.

Les voitures qui nous croisent, quand elles reconnaissent Chirac, bloquent leur avertisseur, et nous roulons ainsi dans une apocalypse sonore. Au milieu de cette cohue, il me faut une demi-heure pour atteindre l'avenue d'Iéna. Nouvelle foule en délire. Chirac, que tant d'allégresse a requinqué pour la nuit, monte au balcon du premier étage et salue la foule, en bas, les bras en croix, comme le Général jadis. Bernadette, discrète, fait de petits signes de la main.

Au bout d'une demi-heure de show, Chirac revient à la voiture :

– Laumond, nous allons rue de Tournon.

– Ça ne va pas être facile, Monsieur…

– Débrouillez-vous !

À moi de régler le détail. Rue de Tournon, nous déposons Bernadette chez des amis. Les journalistes sont toujours à nos trousses. « Dès que la portière aura claqué, m'ordonne le Patron, vous foncez ! »

Comme une bombe.

Rue de Tournon. Le Sénat en point de mire. Virage à gauche sur Vaugirard, puis le boul' Mich' jusqu'à l'Hôtel de Ville. L'impression de faire corps avec la voiture. Cette traversée de Paris, c'était l'aboutissement de tout ce que j'avais appris en matière de conduite automobile. Ce soir-là, je savais exactement jusqu'à quel point je pouvais laisser la foule s'approcher de la voiture, sans pour autant faire prendre de risques à mon illustre passager. Le Patron ne m'avait d'ailleurs demandé de foncer que pour les semer, afin d'éviter à tout prix que l'un de ces écervelés passe sous nos roues. Un mort, un soir d'élection, aurait été une tache indélébile.

Et puis je pense, connaissant mon Chirac, qu'il aspirait à un moment de calme. Un moment à lui.

Le temps de respirer, de laisser s'échapper un peu de l'air qui lui gonflait la poitrine, depuis le début de soirée. Se retrouver seul avec lui-même. Savourer l'instant, en se rappelant aussi les défaites, 1981, 1988, d'autant mieux cueillir la victoire qu'il avait connu l'amertume de la défaite.

Quel goût exact avait cette victoire ? Le couronnement de toute ambition, ou déjà l'amorce des difficultés futures ?

Nous n'avons pas semé les motards. J'avais même l'impression qu'ils nous précédaient, qu'ils avaient une prescience de notre itinéraire. Et que leur nombre augmentait sans cesse.

Nous nous sommes faufilés comme nous avons pu au milieu de la meute.

À l'Hôtel de Ville, Chirac a filé rejoindre ses conseillers. Je savais qu'il ne sortirait plus et qu'il coucherait là – s'il pouvait trouver le sommeil, saturé d'adrénaline comme il devait l'être. Je pouvais donc laisser la voiture dans la cour et monter sabler le champagne à mon tour.

« Alors, Laumond, vous voilà maintenant chauffeur du Président ! » La meute n'avait plus que moi à se mettre sous la dent et, à franchement parler, je ne savais quoi dire. Chauffeur du Président ? J'ai pensé à mon père, décédé en 1983, gaulliste depuis toujours, qui aurait été tellement fier de voir son fils associé à un tel événement... Parce que, enfin, depuis la mort de Pompidou, jamais un gaulliste n'avait accédé à la plus haute fonction.

Vingt-trois ans d'attente. C'était presque mon compte.

Chauffeur du Président ?

Je n'ai vraiment réalisé ce qui m'arrivait que dix jours plus tard, lors de la passation officielle des pouvoirs entre François Mitterrand et Jacques Chirac, le 17 mai.

Ce matin-là, j'ai amené le Patron, avec ma bonne vieille CX, dans la cour de l'Élysée. Je connaissais les lieux pour l'y avoir déjà conduit des dizaines de fois, quand il était Premier ministre. Mais, cette fois, c'était différent. Je le conduisais à son nouveau bureau – le plus prestigieux de France.

Jusqu'à la dernière minute, cependant, j'ai éprouvé le besoin de le protéger encore. Quand nous sommes arrivés, la voiture de Mitterrand attendait au milieu de la cour, au bout du tapis rouge déployé dans les grandes occasions. Après avoir déposé le Patron près du perron, j'ai filé me garer dans la cour Marigny, attenante, pour ne laisser en évidence que la voiture de Mitterrand. Et, pendant que les deux présidents s'entretenaient en privé, j'ai rejoint son chauffeur, le même depuis 1977.

Nous nous sommes tous deux rencontrés fréquemment, même si nous n'entretenons aucune relation de franche amitié. Ce matin-là, nous avons eu une petite conversation d'un quart d'heure, pendant laquelle nous avons procédé nous aussi à une passation de pouvoirs : Pierre Tourlier m'a expliqué le fonctionnement des garages de l'Élysée et m'en a remis les clés. Évidemment, c'est moins grandiose que le code secret de la force de frappe.

Puis, prévenu par les gendarmes du GSPR que l'entrevue, là-haut, était terminée et que François Mitterrand s'apprêtait à descendre, Tourlier a rejoint sa voiture et s'est installé au volant.

L'heure était solennelle, et tout le monde, dans la cour de l'Élysée, s'était figé. François

Mitterrand apparut effectivement, suivi de Jacques Chirac. Ils échangèrent quelques dernières paroles sur le perron et se serrèrent la main – pour les photographes. Ils se sourirent et je lus dans le regard du Patron cette admiration qu'il avait toujours eue pour Mitterrand, l'animal politique, le séducteur et l'intellectuel.

D'ailleurs, on sentait qu'il ne voulait pas en rester là et qu'il allait accompagner Mitterrand jusqu'à sa voiture. C'est alors que, d'où j'étais, je remarquai ce petit geste discret du Président partant, sur le bras du nouveau, pour lui conseiller de rester sur le perron. Sa façon de lui dire : « Maintenant, c'est vous le patron. Il faut assumer. »

Et Mitterrand se dirigea seul jusqu'à sa voiture, au bout du tapis rouge. Cette image sublime engendra un silence et une émotion remarquables. Pour moi comme pour les autres. On peut ne pas aimer Mitterrand sur le plan personnel, sur le plan politique, mais on ne peut nier qu'il avait ce sens de la grandeur qui assure une place dans l'Histoire.

Ce n'est que lorsqu'il quitta la cour de l'Élysée, pour la toute dernière fois, que, dans un moment de vertige, j'ai réalisé vraiment ce qui m'arrivait. Me voilà chauffeur du président de la République…

Mais déjà je suis redescendu sur terre en apercevant Laurence, la fille aînée des Chirac, celle dont on ne parle jamais, sinon pour dire qu'elle ne va pas bien. Quand elle avait fait une tentative de suicide, les Chirac étaient en visite en Extrême-Orient. Bernadette, première prévenue, choisit de ne pas le dire immédiatement à son mari, et garda pour elle l'information jusqu'au lendemain matin. Ils s'engouffrèrent alors dans le premier avion pour Paris.

Laurence s'est approchée de moi, m'a serré avec force les mains et m'a soufflé, avec la gentillesse qui la caractérise :

– Bon courage, monsieur Laumond.

Laurence, sachez que je n'ai pas oublié cet instant.

# 15

## Madame la Présidente

Le plaisir de fouler aux pieds, seul, le pavé de la cour de l'Élysée... Le Patron était au faîte du pouvoir et je l'y avais conduit sain et sauf. Le contrat moral que Bernadette et Jacques Chirac m'avaient demandé de passer avec eux un soir du printemps 1979 était enfin honoré.

En bonne logique, ma mission pouvait être considérée comme terminée. Et d'ailleurs j'ai été tenté de renoncer à servir le Patron. Jean Tiberi, qui lui avait succédé à l'Hôtel de Ville, m'avait fait savoir qu'il était tout disposé à me prendre comme chauffeur. Rester à la mairie avait de quoi me séduire : le poste serait infiniment moins exposé et moins fatigant que celui de chauffeur du chef de l'État. Je touchais à la cinquantaine, j'avais en tête des idées de remariage, et je trouvais logique d'aspirer à un peu de tranquillité, après avoir sacrifié pendant près d'un quart de siècle ma jeunesse aux ambitions de la famille Chirac.

Mais le Patron ne me laissa même pas le temps de formuler mes envies. Devinant sans doute mes états d'âme, il me fit le coup cette fois, non pas du « grand fauteuil », mais d'une promenade avec lui dans le parc de l'Élysée.

– Bien entendu, Laumond, rien ne change entre nous, m'annonça-t-il d'emblée, pour me couper l'herbe sous les pieds et me signifier que dans son esprit il était inconcevable que je ne reste pas à son service.

Il savait bien qu'en me prenant par les sentiments il réussirait à me décider. Je m'inclinai donc.

Une fois de trop. J'aurais dû, ce jour-là, lui dire non et rester à l'Hôtel de Ville, pour servir Tiberi. De mes années passées auprès de la famille Chirac, j'aurais ainsi gardé un souvenir exceptionnel, comme on se remémore les bons moments d'une guerre. Plus tard, grand-père, je n'aurais eu que de belles anecdotes à raconter à mes petits-enfants...

« Rien ne change entre nous » : aujourd'hui que tout est changé, les mots résonnent encore en moi avec une ironie acide.

Jusqu'en octobre 1995, le Patron continua d'habiter l'Hôtel de Ville. Il ne se rendait à l'Élysée que pour travailler, comme l'avait fait avant lui son prédécesseur, François Mitterrand, qui n'a jamais vraiment quitté la rue de Bièvre tout au long de ses deux septennats.

Jean Tiberi, maire nominal, habitait toujours pendant ce temps dans son appartement du V^e^ arrondissement. Mais à l'automne de cette année-là, un peu sous la pression des services de sécurité, qui tentèrent de persuader le Grand qu'il serait plus facile de le protéger s'il résidait à l'Élysée, un peu aussi pour laisser aux Tiberi la pleine maîtrise de l'Hôtel de Ville, il fut décidé que la famille Chirac irait s'installer à l'Élysée.

Cette histoire de logement est moins anecdotique qu'elle ne paraît. Elle met en évidence le fait qu'à cette date, pour Chirac, Tiberi était bien son successeur légitime, légitimé par le vote des maires d'arrondissement.

Le Patron prit pour lui les appartements privés

qu'avait fait aménager François Mitterrand pour son usage personnel lorsqu'un emploi du temps trop chargé l'obligeait à dormir à l'Élysée. Il les occupa tels quels, sans rien changer à leur décoration – preuve supplémentaire du respect et de l'admiration qu'il portait à son prédécesseur. Quant à moi, si je gardais mon appartement privé en ville, on m'offrit, sur ordre exprès du Patron, un petit bureau personnel dans « l'aile du Président ». C'était la première fois qu'un chauffeur se voyait aussi bien traité.

Restait le cas Bernadette Chirac.

L'Élysée, hôtel particulier de favorite, n'est pas immense et surtout, au fil des années, l'administration n'a cessé d'empiéter sur les pièces d'apparat. Pour aménager un logement à Bernadette, on transféra les jeunes appelés du contingent affectés à la protection du bâtiment et logés sous les combles : on les installa dans un autre édifice parisien.

Commencèrent alors les travaux d'aménagement de l'espace Bernadette. Elle prit elle-même les choses en main, avec une autorité conforme à l'idée qu'elle se faisait de son statut de première dame de France. Elle fit ainsi refaire deux fois les marbres de la salle de bains, qui ne lui agréaient point. Et elle exigea aussi qu'on prévît deux chambres, la sienne, bien sûr, mais aussi une pour sa mère, qui habitait toujours... boulevard Raspail. « Et Dieu sait si c'est loin, le boulevard Raspail... », lâcha le Patron, exaspéré par un caprice qu'il trouvait irrationnel.

Tout cela prit du temps, évidemment, et coûta un peu d'argent. La nouvelle locataire de l'Élysée n'emménagea dans son appartement, au faîte du palais présidentiel, qu'au mois de mars 1996.

Avant même d'habiter à demeure, Bernadette tint à imprimer sa marque sur la gestion de la maison Élysée. Tout à sa dévotion, son secrétariat l'appelait d'ailleurs « Madame la Présidente ». Je trouvais cela si ridicule qu'un jour je m'accrochai avec une secrétaire en précisant que le Président, c'était Jacques Chirac, et que sa femme n'était que la « première dame de France ». Si elle était « Madame la Présidente », qu'était donc Jacques Chirac ? Le « premier mar(r)i » ? Que n'avais-je pas dit là ! Atteinte à la dignité... Lèse-majesté... Mon péché mortel inaugural n'est-il pas de n'avoir pas fait acte d'allégeance à la souveraine absolue d'un État démocratique ?

Mais une autre anecdote, qui date des débuts de l'installation à l'Élysée, est encore plus « éclairante » sur le comportement de Bernadette après l'élection de son mari.

Mme Chirac est, de longue date, sujette aux insomnies. Il n'est pas rare qu'elle se lève en pleine nuit pour rêvasser, les yeux grands ouverts, en faisant quelques pas autour de sa chambre – comme la Dame Blanche du Louvre [1]. Elle aime bien, dans ses déambulations nocturnes, que règne une obscurité absolue. L'aliment de sa rêverie, sans doute. À Bity, elle m'avait confié que la nuit, lorsque toutes les lumières étaient éteintes, elle contemplait le ciel étoilé et s'imaginait errant dans l'espace...

C'étaient les mêmes sensations qu'elle cherchait à l'Élysée. Sauf qu'il y est de tradition de toujours laisser les pièces du secrétariat allumées, depuis que le général de Gaulle était tombé une nuit en voulant rallier son bureau (le Président, en

1. Qui revient chaque fois qu'une catastrophe doit arriver, d'après la légende.

sortant de ses appartements privés, doit traverser le secrétariat avant d'atteindre son bureau).

Cette lumière gênait les rêves éveillés de Madame la Présidente, si bien qu'une nuit elle exigea du planton de service qu'il éteigne le secrétariat. Il s'y refusa d'abord, arguant de la tradition. Atteinte à la dignité... Lèse-majesté... Bernadette le prit de haut : « Savez-vous bien qui je suis ? » Tant et si bien que le malheureux gendarme finit par s'exécuter, non sans avoir rédigé un rapport pour ses supérieurs, afin de se mettre à couvert.

L'affaire fit grand bruit dans le « petit personnel » attaché depuis longtemps à l'Élysée et qui n'avait pas connu, de la part de Danielle Mitterrand, ni même d'Anne-Aymone Giscard d'Estaing – sans parler de Claude Pompidou, pour les plus anciens dans la place –, de pareils coups d'éclat. Le petit monde des employés chuchota que « le septennat commençait bien mal ». Mais Bernadette, toute fière de son abus d'autorité, en rajouta devant son mari : « Jacques, vous auriez dû voir comme j'ai été percutante ! » claironna-t-elle. Et comme le Patron ne semblait pas convaincu, elle ajouta d'un ton péremptoire :

« Jacques, n'oubliez pas que tout ce que je fais, c'est pour vous. Vous devriez m'en remercier. »

Déjà, le soir de l'élection de son mari, pendant notre fameuse traversée de Paris, elle lui avait glissé, dans la voiture : « Maintenant que vous êtes élu, il ne vous reste plus qu'à entrer dans l'Histoire. » C'était curieux, cette volonté de le mettre tout de suite au musée Grévin. J'avais l'impression qu'elle avait des projets au-delà du bonhomme, mais bien sûr je m'abstins de rien dire…

Déjà que les canards faisaient jaser…

Mitterrand avait laissé des canards à l'Élysée, et Bernadette trouva ces palmipèdes adorables. Rentrant un jour de Villacoublay, elle emprunta sans faire de façons le téléphone de la voiture pour demander, toutes affaires cessantes, des nouvelles des canards.

Les courtisans apportèrent dès lors, si je puis dire, de l'eau à son moulin, et des canards à sa mare.

Les canards, volages, partirent un beau jour pour la place Beauvau. Le sous-préfet Serra organisa une battue de grande ampleur dans les locaux ministériels pour ramener les fuyards à leur maîtresse.

Une note officielle, à l'été de 1995, spécifia que les canards allaient partir en vacances. « Dans une île ? » murmurèrent les méchantes langues. Il s'agissait surtout que les délicates bêtes ne risquent pas d'être foulées aux pieds par les invités de la garden-party du 14 Juillet. On les transporta alors dans un château des Yvelines, obligeant le préfet à les prendre en charge en personne avec une escorte de motards.

Après le suicide de son mari, Claude s'était trouvé un nouveau compagnon, le judoka Thierry Rey, dont elle est aujourd'hui séparée, mais avec qui elle a eu un fils, Martin. Le jour de l'accouchement, le Président et futur grand-père se trouvait dans son bureau de l'Élysée. Dès la naissance, la clinique appela aussitôt le Palais pour annoncer l'heureux événement. Le Patron laissa tomber les dossiers en cours et m'appela :

– Laumond, on file à la clinique !

Ma voiture était prête à partir, bien sûr. Mais un officier de sécurité armé jusqu'aux dents était censé s'asseoir à côté de moi pour accompagner le

Président dans tous ses déplacements. La nouvelle de l'accouchement tombait un peu plus tôt que nous ne l'avions prévu, et je me trouvais seul dans la cour de l'Élysée. J'expliquai au Patron que nous devions attendre l'arrivée de l'officier de sécurité.

– Pas la peine, Laumond, me répondit-il. Je fais juste un aller-retour. On se passera de sécurité.

La seconde d'après, il déboulait dans la voiture, bondissant et piaffant – le Chirac que j'avais connu à ses débuts. Avais-je un autre choix que d'obtempérer ? Quand il était dans ces états-là, il était capable de se saisir lui-même du volant pour foncer vers la clinique. En plein jour ! Au milieu des embouteillages parisiens !

Je l'emmenai donc au plus vite et, sitôt que nous fûmes arrivés là-bas, pendant que le tout nouveau grand-père complimentait sa fille, je prévins par correction la sécurité de l'Élysée.

Dix minutes plus tard, deux voitures de police freinaient devant la clinique, toutes sirènes hurlantes. Une demi-douzaine d'officiers en surgirent, se précipitant vers moi comme des fous : « Laumond, t'es dingue ! Tu n'avais pas à partir comme ça ! »

Bref, la sécurité du Président me reprochait d'avoir exécuté un ordre du Président !

Cette histoire sans conséquences ne fut que la première de toute une série d'avanies que j'essuyai de la part des « hommes du Président ».

Autant, à l'Hôtel de Ville, tout s'était toujours merveilleusement passé, autant le fonctionnement de la sécurité de l'Élysée se révéla calamiteux. Le Patron, à son arrivée, avait gardé le système mis en place sous Mitterrand, qui aboutissait en fait à une guerre fratricide entre les policiers du ministère de l'Intérieur affectés à la sécurité du Président, et les gendarmes du GSPR, indépendants de toute hiérarchie classique, qui avaient le pas sur tous les autres.

D'où jalousie et rancœur. Ce « double pilotage » avait trouvé son origine dans la nécessité, pour François Mitterrand, de sauvegarder le secret autour de sa double vie privée. Mais, au quotidien, c'était une source de cafouillages dont mon prédécesseur, Pierre Tourlier, avait déjà eu à pâtir. Car, dans cette guerre de chiffonniers en uniformes, nous, les chauffeurs civils, trinquions les premiers. Irresponsables ! Incompétents ! Dans un contexte d'attentats terroristes, il est évident que j'aurais conduit le Patron à la clinique sous bonne escorte... Mais là !

À mesure que les mois passaient, j'avais de plus en plus le sentiment d'être pris pour un « dingue » par ces beaux gradés, et je commençais sérieusement à souffrir de ma servitude volontaire. Je savais que je connaissais mon métier, et je n'admettais pas que ces Pieds-Nickelés viennent me casser les miens à tout bout de champ.

J'ai compris, très vite, que la guerre était d'autant plus perdue d'avance que les officiers de sécurité avaient l'aval de l'entourage direct du Président. Comme si le cabinet cherchait à museler le Patron. À l'empailler, lui aussi. C'était d'autant plus diffus et sournois que rien n'était jamais dit au grand jour. Les conflits ouverts, comme ce jour où Claude avait accouché de Martin, étaient rares. Et je ne suis pas sûr que le Patron lui-même ait bien mesuré – ni à l'époque, ni même sans doute aujourd'hui – combien sa liberté de manœuvre avait été réduite depuis qu'il était Président.

Quelque temps après disparut un grand serviteur du gaullisme, le « Monsieur Afrique » de la

V^e^ République, Jacques Foccart. Chirac, qui l'appréciait beaucoup, tint à aller saluer sa dépouille dans son appartement parisien de la rue de Prony, et il fit savoir à cette occasion qu'il se rendrait à ses obsèques, en province.

Bernadette serait du voyage.

La veille du départ, le cuisinier de l'Élysée m'appela.

– Mme Chirac, m'expliqua-t-il, a décidé que demain, au retour de l'enterrement, ils mangeraient du potage. Elle veut mettre le Président au régime.

Je crus à une plaisanterie. L'emploi du temps du Patron l'obligeait à rentrer à Paris aussitôt après l'enterrement, et il avait été convenu que mes passagers grignoteraient dans la voiture.

– Du potage ? Mais c'est idiot ! répondis-je. Le Patron ne pourra jamais manger de la soupe pendant que je roulerai. Je vais être obligé de m'arrêter sur le bas-côté et on va perdre du temps. Prépare-leur plutôt des sandwichs au pain de mie avec de bonnes choses dedans.

– Non, non ! insista le cuisinier. Elle veut vraiment que je leur prépare du potage.

– Alors, si c'est ça, tu verras que sa soupe, il ne la mangera pas !

Dès la fin de l'enterrement, le Patron et sa femme remontèrent dans la voiture, où les attendait, au milieu de la banquette arrière, l'indispensable cantine contenant une Thermos pleine du fameux potage, ainsi que deux bols et des cuillères.

Je démarrai. Bernadette ouvrit la cantine et remplit les deux bols avant d'en donner un à son mari. J'observais la scène dans mon rétroviseur, goguenard : « On va se marrer… »

Ça ne manqua pas. Au premier coup de frein que je donnai, le Patron se tourna vers sa femme :

– Écoutez, Bernadette, je ne vais jamais arriver à manger cette soupe en voiture…

– Mais si, mais si, vous n'avez qu'à demander à Laumond de rouler doucement.

– Laumond, m'interpelle alors le Patron, avec un soupir déjà excédé, ralentissez donc un peu.

Je m'arrêtai franchement sur le bas-côté.

– Monsieur, je ne peux pas rouler à vingt à l'heure. Les autres voitures, derrière, vont nous klaxonner. Mangez votre soupe, et je vais attendre tranquillement que vous ayez fini.

Le Patron se tourna de nouveau vers sa femme :

– Écoutez, Bernadette, c'est impossible. Nous allons arriver en retard à Paris. Elle est très bonne, cette soupe, mais je ne peux pas la manger ici.

On imagine la scène. Que fait le président de la République sur le bas-côté d'une nationale ? Il avale son potage…

Bernadette n'osa pas insister, vida les bols dans la Thermos, et je repartis tout de suite. À notre retour, dès que j'eus garé la voiture, je fis un petit détour par les cuisines pour rendre au chef son potage et lui raconter l'histoire.

Le Patron était devenu bien vite un grand-papa gâteau. Bernadette Chirac aussi, mais à sa manière. Elle avait décidé, on ne sait pourquoi, que je ne devais pas trop voir l'enfant. Une attitude d'autant plus blessante à mon égard que j'avais vu grandir sa mère. Mais je n'étais pas seul en cause : Bernadette avait aussi décrété que les gendarmes de l'Élysée étaient mal venus de se montrer devant ce charmant bébé. Craignait-elle que la vision d'un uniforme ne terrorise le petit être ? Ou voulait-elle lui épargner la vue de tout ce « petit personnel » qui gravitait autour de la famille – et dont j'étais un représentant. Ces manants...

Toujours est-il que, chaque rayon de soleil, quand Claude installait le couffin du bébé dans le parc de l'Élysée, les gendarmes de faction étaient *illico presto* sommés de se cacher derrière les arbres et de se rendre invisibles. Cette tartufferie m'évoquait irrésistiblement les célèbres gendarmes de Saint-Tropez, quand la brigade de la petite ville balnéaire traque les nudistes sur la plage, dissimulés derrière les pins.

J'eus le malheur de le dire à haute voix : atteinte à la dignité... Lèse-majesté... Dans le passé, pourtant, mon franc-parler et mon penchant à la galéjade n'avaient jamais gêné personne. Je commençais sérieusement à me demander si l'Élysée ne leur montait pas à la tête à tous. Cette famille, à laquelle j'avais eu le sentiment d'appartenir et qui était autrefois si unie, devenait ingérable. La mère aurait voulu commander à la fille, qui l'ignorait superbement pour commander elle-même au père, qui le plus souvent avait la tête ailleurs. Dans ces conditions, rien n'était jamais simple, et j'avais de plus en plus l'impression peu rassurante d'être la boule blanche d'une partie de billard à trois bandes.

Lorsque des amis journalistes me demandaient : « Mais, Laumond, pourquoi n'allez-vous jamais au théâtre ? » je leur répondais invariablement que c'était inutile, tellement j'avais l'impression d'assister chaque jour à une représentation privée qui valait son pesant de loufoquerie.

Le plus bel exemple restera sans doute la soirée privée organisée pour les quarante ans de mariage du Patron, en février 1997. Depuis des années, Jacques Chirac comptait au nombre de ses tables favorites de la capitale un restaurant de Montmartre bien connu des gastronomes : le *Beauvilliers*, rue Lamarck. À force de l'y conduire, j'avais du reste fini par devenir un ami personnel de son propriétaire, Édouard Carlier, un homme exceptionnel, d'une très grande générosité, gaulliste de toujours et chiraquien de cœur. C'étaient d'ailleurs ces bonnes relations tissées entre Édouard Carlier et le Patron qui avaient incité ce dernier à décider que le dîner anniversaire aurait lieu dans son établissement.

Bernadette Chirac n'avait mis qu'une seule condition à cette fête : la salle où ils dîneraient leur serait exclusivement consacrée. Ce qui pouvait se concevoir, pour une réception intime qui ne devait rassembler, outre Jacques et Bernadette Chirac, que des membres proches de leur famille, notamment Mme Chodron de Courcel. Claude, en revanche, serait absente, car depuis des années elle était en froid avec sa grand-mère.

Le soir fatidique arriva, je conduisis le Patron et sa femme rue Lamarck et, pour respecter le vœu de Bernadette, l'officier de sécurité et moi-même décidâmes de ne pas nous installer dans une salle contiguë, mais d'aller au petit bistrot d'en face. Édouard Carlier tenait cependant à nous faire partager l'ambiance de ce dîner. Aussi, toutes les dix minutes, il trouvait un prétexte pour traverser la rue, boire en vitesse un coup avec nous et nous informer du déroulement de la soirée : « Voilà, ils ont terminé l'apéritif, ils parlent de ceci... » ou : « Ça y est, je leur ai servi l'entrée, et maintenant, ils parlent de cela... », etc.

Bref, je vivais la scène des coulisses. Mme de Courcel, très en verve après deux ou trois verres, se lança dans son grand air habituel : « Vous savez, Jacques, que vous n'auriez jamais dû faire partie de la famille… » Le Patron, qui revenait d'un voyage officiel en Amérique du Sud, était lui-même en grande forme et d'humeur à dire des gaudrioles. À un moment, Édouard Carlier arriva en trombe dans notre bistrot, interloqué : « Alors là, vous ne devinerez jamais ce qu'il vient de sortir : que les Brésiliennes avaient des "fesses magnifiques" ! » Devant sa femme, et pour leur anniversaire de mariage, c'était effectivement d'une délicatesse raffinée.

Le dîner se poursuivit sans autre anicroche et, finalement, je reconduisis le Patron et sa femme à l'Élysée. Dans la voiture, Jacques Chirac, tout content d'avoir fait bonne chère, s'exclama : « Cet Édouard, quand même, quel type formidable ! Tenez, Bernadette, vous savez ce que je vais faire ? Je vais l'inviter pour mon voyage officiel à Pékin ! »

Dès qu'ils furent descendus, je téléphonai tout de suite à Édouard pour lui annoncer la bonne nouvelle : « Le Patron est tellement content qu'il veut t'inviter à Pékin ! » Édouard était bien entendu ravi. Il en profita pour m'apprendre que, dans une autre salle du restaurant, dînait ce soir-là, tout à fait par hasard, un journaliste de *Paris-Match*. Ayant vu passer Jacques Chirac et sa famille, il avait compris que le Président célébrait un événement intime et, aussitôt les convives partis, il avait approché Édouard pour lui demander les raisons de ce dîner. Édouard, à qui on n'avait demandé aucune confidentialité, avait expliqué les quarante ans de mariage, lui avait remis une copie du menu – et même, dans sa générosité, une des photos-souvenirs qu'il avait prises lui-même pour son livre d'or.

Quand, le lendemain, la rédaction de *Paris-Match* reçut menu et photo, elle décida de faire un papier et, soucieuse de précision, appela l'Élysée pour connaître la date exacte du mariage de Jacques et Bernadette Chirac. Le service de presse, au lieu de répondre directement, passa le coup de fil à Claude, papesse suprême de la communication. La fille du Patron réclama des détails et apprit, furieuse, que *Paris-Match* s'apprêtait à publier le menu du dîner. Crime de lèse-majesté : le bon peuple s'apercevrait que son Président, roi de la réduction de la fracture sociale, ne se contentait pas de menus prolétariens. Et puis des noces d'argent, cela faisait mauvais genre auprès de la tranche 18-25 ans qu'elle s'était donné pour mission de cajoler.

Cette histoire, en fait, était la préface des fameuses « vacances à l'île Maurice » de l'été 2000 – tout aussi prolétariennes. Mais, cette fois-là, Claude eut le temps de « rattraper le coup ». Dans le quart d'heure qui suivit, elle se rendit à *Paris-Match* pour exiger de modifier le menu. Découvrant, par exemple, que ses parents avaient dégusté des « asperges sauce hollandaise », elle répliqua : « Barrez-moi ça ! Hollandais, ça fait étranger. On va mettre “asperges sauce mousseline”. » Le tout à l'avenant.

Édouard, mis au courant, piqua un coup de sang bien légitime : « Qu'est-ce qu'elle se croit, cette petite conne que j'ai nourrie à l'œil pendant des années, avec ses copains ? » Il n'aura pas l'occasion de le lui dire en face : convaincue – dans la paranoïa ambiante qui monte à l'Élysée comme une mayonnaise – que c'était un coup monté dirigé contre le Président, Claude a persuadé son père de ne plus jamais remettre les pieds au *Beauvilliers*.

Cette histoire « abracadabrantesque » avait d'autant moins gâché mon amitié pour Édouard que j'étais sincèrement convaincu qu'il n'avait rien prémédité avec aucun journaliste. Du reste, j'ai toujours pensé que l'amitié ne pouvait se concevoir que dans la fidélité. Je continuai donc à fréquenter le *Beauvilliers* et, quelques mois après cette pitoyable anecdote, Édouard m'invita à dîner chez lui alors que j'étais à la veille de me marier.

Ce même soir, Mireille Mathieu dînait aussi rue Lamarck. Et elle nous en apprit une bien bonne. Quelques mois plus tôt, elle avait été nommée dans l'ordre de la Légion d'honneur sur la liste du Président et il avait été convenu que ce serait Jacques Chirac lui-même qui lui remettrait sa décoration. Mais, quand l'Élysée avait appelé pour fixer une date, Mireille, bien embêtée, avait répondu qu'il lui était absolument impossible de se libérer ce jour-là, car elle devait donner à Moscou un gala prévu de longue date.

De retour de Russie, elle avait rappelé elle-même l'Élysée pour tenter de fixer une autre date. Pas plus cette fois qu'à ses tentatives suivantes on ne daigna lui répondre. L'entourage du Président avait probablement considéré qu'aucune raison n'était assez valable pour se désister quand l'Élysée consentait à vous remettre la Légion d'honneur.

Mireille en a été très meurtrie, mais ce n'est pas le genre de femme à se laisser abattre. « Vous savez, monsieur Laumond, me dit-elle ce soir-là, j'ai toujours été une chrétienne et une grande gaulliste, mais pour me venger, j'ai demandé à Pierre Mauroy de me la donner, ma Légion d'honneur. Et à Lille, dans sa mairie ! »

Mon admiration et – osons le mot – mon amitié pour Jacques Chirac me firent, à l'époque, négliger ces mille petits signes où l'on peut lire le dérèglement des machines. Il me fallut les réactions irrationnelles à l'annonce de mon mariage pour que j'accepte enfin de comprendre qu'on lui avait confisqué sa victoire, et jusqu'à sa personne. Qu'il ne s'appartenait plus, mais qu'il était devenu le jouet de ses intimes. Une potiche à la merci de la fureur des bonniches.

## 16

## Bas les masques !

J'ai connu les Chirac quand ils avaient, l'un et l'autre, aux alentours de la quarantaine. On croit qu'à cet âge le caractère est défini à jamais. Ce n'est peut-être pas si sûr : en tout cas, les tendances lourdes finissent, chez les uns, par transparaître sous le masque de civilité qu'ils arboraient – ainsi Bernadette Chirac qui, en vieillissant, a définitivement rayé de sa mémoire la nuit du 4 août 1789 et l'abolition des privilèges ; chez d'autres, comme Jacques Chirac, la fonction finit par détruire l'organe, si je puis dire, et l'homme alerte, vif, instable même, que j'avais connu tant d'années, a fini par entrer tout vivant au musée Grévin, prisonnier d'un entourage qui a réussi à l'engluer, à le couper du réel, à en faire sa chose et sa fontaine aux bénéfices.

C'est un exercice périlleux, dans ces circonstances, que de tenter de dresser le portrait exact de cette cour d'un nouveau genre. Je dis « cour » au sens que *Le Canard enchaîné*, en son temps, donnait aux aventures de la famille gaullienne, revisitées par un chroniqueur du Grand Siècle. Mais on n'est plus, avec Chirac, sous Louis XIV.

Tout se délite…

Il y a du loup en Chirac. L'homme que j'ai connu au ministère de l'Agriculture, l'amateur de vaches, de moutons et de têtes de veau, était un carnassier au visage émacié, au corps interminable, maigre, affamé, nerveux, sans cesse bondissant sous le double aiguillon de l'énergie et de l'ambition. « Si un soir je lui demandais de me creuser un souterrain entre son ministère et l'Élysée, disait de lui Pompidou, je parie qu'au matin, au réveil, je verrais sa tête émerger du parquet. » C'était un fonceur qui allait à l'essentiel, et qui a toujours eu une sainte horreur des détails. Il ne refermait jamais une porte qu'il venait d'ouvrir, c'était une perte de temps.

Mais c'est un loup solitaire – par choix. Il

chasse parfois en meute, par commodité, mais revient très vite à ses habitudes.

Il a d'ailleurs éliminé tous les carnassiers qui se proposaient de partager avec lui le pouvoir. Aussi bien les anciens barons gaullistes que les « jeunes loups » du RPR. Aussi bien Chaban ou Pasqua que Barzach ou Noir.

Quand, en 1974, il fit alliance avec Giscard, renvoyant à jamais Chaban dans le Bordelais (ou, plus loin encore, au perchoir de l'Assemblée nationale, second personnage de l'État dépourvu de pouvoir réel, roquet et perroquet de luxe), j'en eus un pincement au cœur. La tradition familiale, et mon penchant personnel, ont fait de moi un gaulliste du peuple, loin, très loin de ce gaullisme de l'argent qui a dénaturé le mouvement et l'a amené là où il se trouve aujourd'hui – servant la soupe à la gauche.

Un jour, dans les années quatre-vingt, Chaban monte avec nous dans la voiture et me lance un très amical : « Comment vas-tu, Jean-Claude ? » accompagnant sa question d'une tape sur l'épaule. « Très bien, monsieur le Premier ministre » – titre auquel il avait droit à vie. J'ai vu, dans le rétroviseur, la tête médusée de Chirac, qui ignorait que Chaban me tutoyait. Stupéfait aussi de me voir si révérencieux avec cet homme dont tout l'avenir était derrière lui.

Ce tueur solitaire a cependant un maître, comme dans les traditions guerrières japonaises, dont il est si féru. Et ce maître, c'est Mitterrand. L'histoire se répète, et se caricature. Mitterrand a souvent attaqué de Gaulle, et a fini par lui ressembler, ne serait-ce que dans son goût du pharaonique. Chirac se coule dans les pantoufles de Mitterrand.

Cela tient moins à la personnalité de l'ancien Président qu'à la volupté maniaque de Chirac d'être le plus pur reflet d'un modèle qu'il met d'emblée au-dessus de lui. Lors de son premier séjour à Matignon, quand Mitterrand n'était encore que le chef d'une opposition en pleine reconstruction, le modèle était forcément de Gaulle : le Premier ministre fit quérir, au Mobilier national, l'ancien bureau du Général, pour en faire le sien.

L'imitation servile de Mitterrand va aujourd'hui plus loin. Il fréquente les mêmes restaurants, exigeant d'être assis aux mêmes places ; il a conservé, à l'Élysée, les meubles mêmes de son prédécesseur – pendant que Bernadette, plus « Ancien Régime », faisait restaurer à grands frais, à l'étage au-dessus, ce qui n'est pas dépourvu de sens, l'appartement de la Pompadour. Ne prête-t-on pas à Chirac, dans son obédience mitterrandienne, d'avoir séduit certaines des maîtresses du grand homme ? Je laisse aux psychanalystes le soin de décrypter un comportement aussi obsessionnel.

La fonction l'a d'ailleurs peu à peu statufié, comme son prédécesseur. Je préfère me rappeler le Chirac des années soixante-dix, bon vivant, simple dans ses goûts, grand amateur des romans de Gérard de Villiers (il lui est arrivé de me faire traverser Paris rien que pour lui procurer le dernier *SAS*) et de westerns. Nous avions dans la voiture des bandes – puis des CD – de musique classique, pour que les visiteurs de la banquette arrière aient de l'homme l'image qu'ils attendaient. Mais quand nous étions seuls, nous écoutions surtout Johnny Hallyday et Michel Sardou. Chirac est, au fond, l'exact contraire de Pompidou ou de Mitterrand – deux intellectuels, deux sphinx indéchiffrables. Momifié dans sa fonction par son équipe de grands communicants, il a raté l'occasion d'être, comme à Paris lorsqu'il en était maire, un homme populaire, alors que tous ses instincts l'y portaient.

Madame la Présidente, plus que quiconque à ma connaissance, a de cette sorte d'aplomb qui lui permet de ne pas paraître sotte aux yeux de qui ne la connaît pas. Pour le reste, vanité et ingratitude. Elle a plus de hauteur que de grandeur, plus de morgue que d'orgueil, plus de souvenir des injures que des bienfaits, plus de goût de la vengeance que de la récompense, plus de snobisme que de politesse et, comme disait le cardinal de Retz [1], « plus d'incapacité que de tout ce que dessus ».

Claude Chirac est la synthèse dysharmonieuse de son père et de sa mère. Le corps de l'un, la tête de l'autre. Le dynamisme et les appétits du papa, la suffisance de la maman – ce qui l'a d'ailleurs

1. Que l'on ne s'étonne pas de trouver pareille référence dans les souvenirs d'un chauffeur. Pierre Tourlier, le chauffeur de Mitterrand, avec qui j'ai fondé l'Association nationale des chauffeurs d'élus, m'avait passé le volume des *Mémoires* de Retz, oublié dans la voiture présidentielle par son patron. Intentionnellement, peut-être.

empêchée, contrairement à Laurence, de faire de vraies études supérieures.

Cette spécialiste de la communication a cogéré l'aventure de la dissolution, avec le succès que l'on sait. Fascinée sans doute par la « génération Mitterrand », qui avait valu au vieillard à la rose sa réélection en 1988, elle a entrepris de rajeunir l'image de son père. Elle s'est entourée de jeunes gens robustes qui pensent d'abord à eux au lieu de penser à la France, et a fait descendre le taux de TVA des fast-foods à 5,5 %. La firme aux arches d'or lui en sera éternellement reconnaissante. Mitterrand avait glané les voix du centre ; pour obtenir le même résultat, elle drague les voix de gauche – qui lui feront toujours défaut. Et elle a écarté tous les vieux amis de son père, « ringardisés » – mot suprême –, renvoyés à leurs souvenirs.

Il y a ceux qui s'en fichent, parce qu'ils sont déjà entrés dans les livres d'histoire, et que Claude n'y mettra jamais le petit doigt.

Et puis il y a ceux qui se vengent.

Si quelqu'un en ce siècle, et en dehors des guerres, a mérité le nom de « général », c'est bien

Charles Pasqua. Quai Anatole-France, dès les premiers mois de 1977, il était le janissaire du petit groupe qui porta Chirac à l'hôtel de ville de Paris dans un premier temps. Marie-France Garaud, Pierre Juillet et Jérôme Monod étaient les têtes, Pasqua était le bras. Un prince de l'organisation.

Par l'intermédiaire de Joseph Comiti, qui m'appelait familièrement « le gosse », Pasqua avait, dès le début des années soixante-dix, fourni Chirac en « officiers de sécurité » d'une compétence bien égale à celle des super-gendarmes actuels, et d'un dévouement personnel bien supérieur. Par exemple Charles Mattei – un Corse exemplaire qui, une fois à la retraite, eut besoin de Chirac et trouva porte close. De nouveau, j'arrangeai le « détail », en prétendant agir selon des ordres du Patron. Mais Mattei ne fut pas dupe.

Pasqua n'avait pas son pareil pour aplanir les différends. Il savait arranger des dîners, des tête-à-tête où son entregent, sa faconde méridionale, son rire communicatif derrière lequel les yeux persistent à scruter, avaient vite raison des rivalités de personnes. C'était l'époque heureuse où Chirac savait s'appuyer sur des hommes qui n'étaient pas nécessairement énarques – alors qu'aujourd'hui un Bernard Landrieu, son directeur de cabinet, et l'âme damnée de sa femme, sort de la prestigieuse école. Bien sûr, on ne risque pas de lui reprocher d'avoir fondé le Service d'action civique. Mais les petits messieurs aux mains si nettes n'ont pas forcément une conscience pure.

Pasqua est un dur, de la même école que Debizet, le patron du SAC. Même s'il savait, lui, transformer les petits drames en farces pagnolesques, au lieu d'aller au massacre. C'était un grognard de l'Empire – avant que les ors des palais n'écrasent Jacques Bonaparte, devenu Napoléon Chirac.

Pasqua m'a reçu avant mon départ pour la Nouvelle-Calédonie – où il m'a vivement déconseillé de me rendre, sachant mieux que tout autre combien les accidents sont fréquents sous les Tropiques. Il a secoué la tête au récit de ma « démission » : « On ne retire pas la gamelle du soldat qui a servi », a-t-il grogné.

Il en sait quelque chose. S'il en est arrivé à s'allier à d'improbables vicomtes, c'est parce que la crise de rajeunissement imposée par Claude Chirac à l'entourage de son père l'avait laissé sur le sable. Avec sa mère, elle a fait courir sur son compte des bruits dégradants – qui trouvent d'autant plus d'oreilles attentives qu'ils sont *hénaurmes* et improbables. Mais Pasqua a survécu, avec une capacité de nuisance presque intacte, et une volupté dans la vengeance que je lui envierais presque, moi qui n'arrive même pas à avoir des haines – juste des nostalgies.

S'il est une personnalité, dans ce quart de siècle, dont j'oserais presque dire qu'elle a plus de couilles que Charles Pasqua, c'est Marie-France Garaud. Elle a inventé Chirac. Elle l'a porté sur les fonts baptismaux. Mieux qu'une mère biologique, plus qu'une femme légitime, elle l'a suscité – et ressuscité même, dans ses périodes de doute. Elle a été, avec Pierre Juillet, l'artisan de son accession. L'intelligence et le bon sens, mâtinés d'un humour redoutablement caustique.

Et j'ai vu, moi, Chirac me faire faire dix fois le tour de l'Hôtel de Ville, prendre des escaliers dérobés, se jeter en trombe dans la voiture, pour l'éviter par tous les moyens, pour ne pas avoir à lui dire en face qu'il avait décidé de la payer d'ingratitude. Marie-France Garaud nous coinça pourtant un jour au premier feu, sur la rue de Rivoli.

– Jacques, dit-elle en ouvrant d'autorité la portière, il faut que l'on se parle !

– Plus tard, oui, plus tard ! lança l'ancien poulain, excédé, en refoulant son ancienne égérie sur le trottoir.

Tous ceux qui ont soutenu Chirac, parfois à bout de bras, pendant des années, voire des décennies, ceux-là sont tous aujourd'hui écartés, oubliés, morts. Est-ce que j'exagère ? Loïc Le Floch-Prigent, dans une interview récente, a déclaré : « Pour Chirac, je suis mort désormais. » Et pourtant que de services rendus, en Afrique et ailleurs…

On a beaucoup dit qu'Édouard Balladur était un chanoine. Il doit cette réputation à son apparence, un rien pateline, à son humeur, toujours égale, à ses chaussettes peut-être, cardinalices. « L'ami de trente ans » a soutenu Chirac durant sa traversée du désert, le voyant chaque semaine pour discuter de tout et de rien, lui faisant reprendre goût aux affaires, l'encourageant à suivre son destin.

Il ne voulait pas devenir Premier ministre de la seconde cohabitation avec Mitterrand. Il fallut pour l'en persuader des pressions incessantes, à tous les niveaux, des néo-barons de la Chiraquie, les clones de Claude, qui voulaient user Balladur afin qu'il ne puisse pas se présenter, ou tout au moins remporter la présidentielle de 1995. Pari gagné, certes, s'extasieront les abrutis. Mais à quel prix ? Chirac est monté bien haut, et il y est bien seul.

Après avoir écarté Balladur de la présidence, Bernadette a tout fait pour l'écarter de la mairie de Paris. Elle a inventé l'improbable hypothèse Seguin, pour tuer Tiberi, pour tuer Panafieu surtout – elle n'est femme que par la jalousie, morbide –, et pour tuer Balladur, l'homme du compromis. Quitte à fourguer la capitale à la gauche. Après moi le déluge.

Nous voici loin de Louis XIV…

Alain Juppé n'avait aucune chance : trop cultivé, trop brillant, il détonne forcément dans le milieu politique. Conscient de sa supériorité, il semble s'en excuser sans cesse, ce qui lui donne, à son grand ébahissement, un petit air de mépris qui le dessert considérablement face aux imbéciles. Comme Giscard en son temps, il a dix ans d'avance sur la politique telle qu'elle se pratique – trop intelligent pour se résigner à n'être qu'un technocrate, trop technocrate pour oser s'afficher intelligent. Enfin, il a eu, face à la sous-maîtresse des mœurs qui trône à l'Élysée, le tort de divorcer. De ce jour, il n'existait plus sur l'échiquier politique de Bernadette, qui a prodigué ses attentions à son ex-femme, pendant qu'elle sciait définitivement cet homme de si petite vertu.

À tout système il faut son éminence grise. Quand, de surcroît, à la peau du conseiller occulte on coud celle de l'exécuteur des basses œuvres, on tient l'homme idéal, l'homme à tout faire, à toute affaire.

Michel Roussin n'a jamais eu de légitimité au sein du RPR, autre que celle que lui donnait l'assentiment muet du Chef. Il a mené la mairie de Paris avec l'autorité que confèrent l'habitude de l'ombre et les fréquentations que l'on s'y fait. Activement interrogé aujourd'hui sur le financement des partis, dans le cadre de l'enquête sur les relations troubles entre les entreprises d'immobilier et le juteux marché des lycées d'Île-de-France, il est, avec une admirable constance, désigné par ses pairs comme la tête pensante de l'opération.

Michel Roussin me faisait l'honneur de ne pas m'aimer. Est-ce parce que j'ai entendu Chirac, qu'il avait voulu abandonner lorsque l'étoile de Balladur paraissait plus brillante, lui laver la tête en lui rappelant que, sans lui, il ne serait rien ? Est-ce grâce à son maître qu'il est aujourd'hui entré dans le groupe Bolloré, et qu'il s'occupe des intérêts africains de ces financiers proches du RPR ? Ou bien ces occupations politico-commerciales ne sont-elles qu'une fausse moustache, comme on dit dans les Services, destinée à masquer son rôle occulte et persistant au plus haut échelon du pouvoir ? On ne prête qu'aux riches, dit-on. Mais je préfère ne pas penser qu'il a encore toute son ancienne force de nuisance et d'intimidation.

J'oubliais presque M. de Villepin, ce qui est un avantage quand on dirige un cabinet noir. J'ai beau chercher la raison pour laquelle Chirac l'a gardé comme secrétaire général de l'Élysée, je ne trouve que deux motifs vraisemblables : la terreur et la pitié. La terreur de ce que pourrait oser entreprendre, si on lui laissait la bride sur le cou, un individu aussi frénétique. Mais la pitié aussi – car que ferait ce pauvre garçon tout seul ? M. de Villepin rêve d'un poste d'ambassadeur à Washington. « Jamais ! » ai-je entendu Chirac s'exclamer, comme on le consultait à ce sujet. Il a raison : après tout, et jusqu'à nouvel ordre, les Américains sont nos alliés.

## 17

## Cher Jacques…

Cher Jacques,

Arrivé au terme de ce fidèle récit de notre vie commune, de ces vingt-cinq années passées à vos côtés, je ne voudrais pas que subsiste le moindre malentendu entre nous.

C'est comme un divorce, au fond : la procédure civile ne suffit pas ; encore faut-il se séparer de l'autre dans sa tête. Ce bilan fidèle de nos relations nous y aidera l'un et l'autre.

Si d'aventure le ton vous était paru parfois polémique, il ne faudrait pas incriminer une quelconque rancœur que j'aurais gardée contre vous, mais mes insuffisances de narrateur : après tout, je ne suis jamais qu'un chauffeur. Je n'ai pas appris à écrire. Ce n'est pas ma faute.

Mais le peu que je sais, je le tiens de vous : j'ai appris à observer, à écouter – et à souffrir. Pendant vingt-cinq années, vous m'avez formé, souvent à votre insu. Êtes-vous content de votre élève ? Pendant trois ans vous m'avez oublié. Vous en avez oublié d'autres, et bien plus notables que moi, et je ne vous en veux pas. Mais les pages qui précèdent sont là pour vous dire que je suis encore vivant. Et que je pense à vous.

J'ai été le fidèle des fidèles. J'ai travaillé à vos côtés sans jamais me plaindre, sans jamais rien demander : de qui, dans votre entourage aujourd'hui, pouvez-vous en dire autant ? Aucune tâche ne m'a rebuté, même quand elles sortaient largement de mes fonctions. Même quand elles m'impliquaient dans des aventures ou des confidences que je ne cherchais guère. Qui étais-je, pour m'insurger ? Si je ne risquais, moi, que ma virginité morale, vous risquiez bien davantage... Et puis, n'opérais-je pas dans votre ombre ? Et votre satisfaction valait, à mes yeux, toutes les absolutions.

Au terme de cette confession, sachez que je ne vous en veux plus. En me rendant ma liberté – et avec l'humour qui a toujours été le vôtre, vous me l'avez rendue en m'envoyant au bagne –, vous m'avez rendu la parole.

Ni haine ni rancœur : juste la nostalgie de notre complicité ancienne. Mais, à côté de cette mélancolie que je sens poindre quand je pense à vous, il y a, toujours vif, mon mépris pour les courtisans que vous avez si bien tolérés qu'ils ont fini par vous dévorer. Quand, trois mois avant les élections, vous les verrez l'un après l'autre venir quémander un point de chute parce qu'ils ne croient déjà plus en vos chances (exactement comme en 1995, quand vos ministres se ralliaient tour à tour à votre autre ami de trente ans), pensez à Laumond qui ne vous avait rien demandé que le bonheur de continuer à travailler pour vous.

Mais sans doute répliqueriez-vous que rien n'est joué, que vos chances sont toutes intactes, et que votre entourage, qui a si bien joué le coup de la dissolution, vous permettra une seconde fois de conserver cette fonction si bien protégée. D'ailleurs, les choses vont si bien depuis que Laumond n'est plus là – n'est-ce pas, monsieur le Président ?

Après qu'une défaite vous aura renvoyé à la vie civile ; quand vous serez, à votre tour, amené à vous expliquer devant une quelconque Brigade financière ; lorsque tous vos courtisans d'hier, du haut de leurs bénéfices, feindront de ne vous avoir jamais connu, vous savez bien que je serai le premier – et le dernier aussi – à refuser de hurler avec les loups et à saluer, à haute voix, la majesté tombée [1].

---

1. Un vieux soldat aurait ainsi salué le roi Charles Ier, lors du procès qui devait le conduire à l'échafaud.

## *Post-scriptum*

par Armelle Laumond

*Ces* Vingt-cinq ans avec Lui *sonnent comme le récit des illusions perdues d'un homme – mon mari – qui y a cru jadis, comme moi, qui s'est engagé, qui a servi par conviction comme par devoir, et dont on a fini par bafouer et le sens du devoir, et la force des convictions.*

*Mais nous en sommes tous là – tous ceux qui ont cru que la grande idée gaulliste pourrait survivre à la disparition du père fondateur.*

*Se remet-on jamais de la mort des pères ?*

*Je me souviens d'une enfance et d'une jeunesse, en Corrèze, inspirées sans cesse par la joie des idées partagées, les interminables conversations, entre mon père et ses administrés, qu'animait la seule force de la conviction – et non les ambitions personnelles, ni l'obtention d'une voiture avec chauffeur !*

*Le gaullisme alors était un humanisme. Et pas une manière de s'enrichir. On s'engageait pour servir, pas pour se servir.*

*On aura sans doute beau jeu de nous accuser de naïveté. Il est toujours facile, après coup, de proclamer : « Je vous l'avais bien dit ! »*

*Pendant treize ans, j'ai été au Sénat l'assistante de Roger Romani, ce cardinal du RPR toujours à l'écoute des rumeurs pour en informer le maire de Paris. Puis, pendant quatre ans, j'ai été l'assistante du trésorier du parti. Ces années, je les ai vécues comme porteuses d'idéal, pleines de l'espoir de faire triompher nos idées, déchirées de joies et de peines au fil des rendez-vous électoraux. Il existait alors au sein du RPR un compagnonnage qui n'a plus cours aujourd'hui. N'ai-je pas trouvé un jour sur mon bureau un dossier expédié par un militant qui avait besoin d'un coup de main, et dont la lettre d'introduction commençait par ses mots : « Chère Compagnonne... » ?*

*Le néologisme m'avait paru plein de fraîcheur...*

*C'était le bon temps.*

*Puis vint cette fatale année 1997.*

*Mon mariage programmé, mon avenir tout tracé... On s'attend au mieux, on n'est pas préparé au pire.*

*Insondable naïveté, toujours. J'aurais dû m'attendre au pire. Lorsque le juge Halphen est venu perquisitionner rue de Lille, je me suis retrouvée seule, absolument seule, face à une horde d'enquêteurs qui, pour être polis, n'en étaient pas moins intimidants – et peut-être davantage. Tous, du secrétaire général à l'adjointe du directeur administratif et financier, en passant bien sûr par le trésorier, tous avaient été prévenus, et s'étaient bien abstenus d'être présents : les hommes de la Brigade financière, on sait quand on les rencontre, on ne sait jamais quand ils vous lâchent.*

*Tous ces lièvres qui s'égaillaient dans Paris avaient donc quelque chose à cacher ? Tiens donc !*

*Toute seule. Face à un feu roulant de questions dont j'ignorais, pour la plupart, sinon les tenants et aboutissants, du moins les réponses.*

*C'est un métier délicat, le métier de juge. On est amené à se poser tout haut les questions auxquelles tout le monde répond, tout bas.*

*D'où arrive l'argent ?*

*Comment est-il redistribué ?*

*Pouvez-vous me parler de la trésorerie générale du RPR où vous travaillez, madame Laumond ?*

*Ce que c'est que la trésorerie générale du parti ? Un endroit qui regorgeait de liasses de billets. Et c'est une histoire ancienne. La plus ancienne des responsables de la trésorerie, une Corse aujourd'hui à la retraite, me disait en riant : « Pour fermer les armoires, rue de Lille, il faut pousser les liasses avec les pieds. »*

*Et il en fut toujours ainsi. Tel trésorier se déplaçait en province, proposant des matelas d'argent liquide à qui le réclamait – sans autre justificatif que la plus grande gloire du parti. Et de ses honorables membres. Et de son honorable chef.*

*À quoi sert tout cet argent ? À tout et à rien. Au fonctionnement du parti (un peu), aux divertissements de ses dirigeants (beaucoup). Les liasses, tout le monde en prenait, sans remplir forcément de paperasses. Tout le monde s'est servi dans la caisse.*

*Frais de gestion d'un grand rassemblement ? Oui... La suite payée à l'année à l'hôtel* Lutétia *devait faire partie des nécessités de gestion. Les notables y défilaient, pour s'entraîner, eux aussi, à l'exercice pas tout à fait solitaire du pouvoir. Tel ancien trésorier général, sortant un jour de ladite suite, rencontra à la porte tel directeur de cabinet, qui sans doute faisait lui aussi l'inspection des locaux, avec la responsable des finances... Mais les amours vont et viennent : Louise-Yvonne Casetta l'a mis nommément en cause devant les juges, lorsqu'elle a été entendue, pour son rôle essentiel dans le système de collecte des fonds.*

*Quant à l'origine de tout cet argent liquide, j'en suis moi aussi réduite aux hypothèses. Aux questions informulées. Aux réponses chuchotées.*

*Mais je sais bien que les seules cotisations des gentils membres, ou les souscriptions généreuses des militants, ne pouvaient suffire à alimenter une machine chaque jour plus gourmande.*

*1997...*

*Ce fut comme une tragédie : les catastrophes*

*s'abattaient sur nos têtes, sans qu'aucun devin daignât nous expliquer en quoi nous avions déplu aux dieux.*

*Une tragédie pour ne pas avoir su à temps nous insérer dans cette immense farce qu'est la classe politique. Je n'ai saisi le sens magique de l'expression « Il faut en être... » que bien tardivement – trop tard. « En être », c'est appartenir à la cour, grenouiller auprès des hommes qui ont le pouvoir, ou qui vont l'avoir, entrevoir avant les autres les jeux d'ombres, les trafics d'influences, s'insérer dans un réseau qui aura son mot à dire dans la formation du prochain cabinet...*

*Insondable naïveté ! Dès la fin de l'année 1994, n'avais-je pas vu de simples secrétaires, plus rouées que moi, déployer tous leurs charmes pour se lancer au mieux dans cette année 1995 qui devait voir l'avènement du Chef ? Ne les avais-je pas vues se porter volontaires pour tous les déplacements en province, pour Le voir, L'approcher, afin qu'Il vous remarque, vous apprécie, et qu'Il vous mette dans ses bagages lors de l'accession à l'Élysée ?*

*Et n'ai-je pas vu Louise-Yvonne Casetta, qui avait prématurément fêté son départ pour l'Élysée après la victoire, blessée, déçue de rester rue de Lille avec tout le petit personnel ? Elle devrait mieux savoir, aujourd'hui, quel fonds on peut faire des promesses des Grands...*

*Louise-Yvonne Casetta... Après la victoire de 1995, un grand dîner fut donné en l'honneur de tous les membres du parti sur une péniche amarrée au port de Solférino, la* Belle Louise. *Le président d'honneur était bien entendu le Président nouvellement élu. Et la présidente était Mme Casetta. Elle était la main de fer du parti, la détentrice des faveurs. Jadis on devait plaire à la Favorite. Aujourd'hui, il faut faire sa cour à la Trésorière.*

*J'ai sans doute eu tort de refuser, à plusieurs reprises, de plier le genou.*

*Du point de vue judiciaire, j'ai certainement eu raison de m'en abstenir.*

*J'ai ma conscience pour moi – d'autant que la faveur passe. Quand on a commencé à murmurer le nom de Mme Casetta dans l'enquête sur le financement des partis, Bernadette Chirac prit un jour son mari à part – dans la voiture que conduisait Jean-Claude, si impavide qu'il en devenait presque abstrait, même s'il n'a jamais été sourd.*

*– Jacques, jurez-moi que vous ne connaissez pas cette Casetta !*

*– Mais enfin, Bernadette, je vous assure que j'entends son nom pour la première fois...*

Sic transit...

*Naïveté toujours... Le docteur Kalfon, médecin de l'Élysée, aujourd'hui général par la grâce de... son patient, est un soir avec moi au* Beauvilliers, *chez Édouard Carlier. Nous sommes en septembre 1997. Comme Jean-Claude l'a raconté dans les premiers chapitres, le climat se détériore alors rapidement.*

*Kalfon, froidement, se penche vers moi, et comme s'il parlait de choses ordinaires, me glisse :*

*– Armelle, les choses vont dégénérer, la situation va devenir intenable pour Jean-Claude. Ne ferait-il pas mieux de démissionner ?*

*– Mais pourquoi le ferait-il ? demandé-je.*

*– Parce que les pressions seront telles qu'il*

*devra se démettre. Alors, autant qu'il anticipe sur un coup forcé...*

*Je m'insurge alors :*

*– Mais il ne saurait en être question ! Mais c'est un complot !*

*Mouvement de tête accablé du bon docteur Kalfon.*

*Naïveté encore. Dans une réception, je me suis avancée vers Xavière Tiberi, que je connaissais, comme Jean-Claude, de longue date. Avec ce sens de la litote que seuls possèdent les vrais Corses, elle me regarda et me dit en souriant : « Si les Chirac savaient que nous nous parlons, ils nous fusilleraient... »*

*D'aucuns se montraient plus habiles que moi. Tel ancien commissaire des Renseignements généraux en Corrèze, aujourd'hui député, chien de garde couché aux grilles de l'Élysée, avait bien dû sentir quels étaient les désirs de la Souveraine, et œuvrait en sous-main à notre perte.*

*Vint l'exil.*

*Et les questions qui sans cesse vous tournent dans la tête – sans cesse, puisqu'elles n'ont pas de réponse.*

*Comment oser infliger tant de souffrance à des enfants qui ne sont en rien concernés par l'affaire ? Et, d'ailleurs, quelle affaire ?*

*Comment supporter d'être soi-même ainsi abandonnée, lâchée aux chiens, après avoir été choyée, cajolée, en raison de mes origines familiales, et du poids que le nom des Bénassy avait en Corrèze ?*

*Comment admettre les humiliations infligées à l'homme que l'on aime, dont on partage la vie ? Un homme qui durant vingt-cinq ans s'est dévoué pour toutes les tâches, les plus ingrates parfois, dans l'unique but d'être l'ultime rempart devant celui qu'il persistait à appeler le Grand...*

*Les blessures de cet exil forcé, de cette déportation au bout du monde (et, plus encore, de la ruine de tous les idéaux pour lesquels nous avions combattu) ne peuvent s'oublier. Je les porte en moi, dans ma chair, dans ma mémoire. Et seule l'éducation – hélas trop stricte – reçue jadis dans un milieu très « comme il faut », où l'honneur, la morale et le sens du devoir étaient les valeurs essentielles, me retient aujourd'hui d'éprouver de la haine.*

Table des matières


1. Chronique d'un départ annoncé ......... 9
2. Le bagne, et après ......... 29
3. Les premiers pas ......... 41
4. Matignon, première époque ......... 55
5. La conquête de Paris ......... 67
6. Un jour où je n'étais pas au volant... . 79
7. Une campagne pour Bernadette ......... 89
8. Chirac bis ......... 99
9. Tours de chauffe ......... 107
10. Présidentielle, première ......... 113
11. Le repos du guerrier ......... 121
12. Matignon, seconde époque ......... 131
13. Les années de plomb ......... 143
14. L'Élysée, première et dernière ......... 151
15. Madame la Présidente ......... 179
16. Bas les masques ! ......... 203
17. Cher Jacques... ......... 219

*Post-scriptum*, par Armelle Laumond ...... 223

DERNIERS TITRES PARUS

DANS LA MÊME COLLECTION

Noël Mamère
Jean-François Narbonne
*Toxiques affaires*, 2001

Jean-Jacques Chavigné
Gérard Filoche
*Retraites. Réponses au Medef*, 2001

Noël Mamère
Patrick Farbiaz
*La Vie rêvée du loft*, 2001

*Composition : Facompo, Lisieux*

*Impression réalisée sur CAMERON par*

BRODARD & TAUPIN

GROUPE CPI

*La Flèche*

*pour le compte des Éditions Ramsay*
*en septembre 2001*

*Imprimé en France*
Dépôt légal : septembre 2001
N° d'impression : 9431
ISBN : 2-84114-533-6